Bernd Kunz

Die Bühler

von der Quelle bis zur Mündung

Bernd Kunz

Die Bühler

von der Quelle bis zur Mündung

Swiridoff Verlag, Künzelsau

Für Paula,
Doris, Nora & Jonas

Inhalt

Vorwort	7	Fronrot	47	Ilshofen	91
Die Bühler	8	Hettensberg	47	Burg Klingenfels	94
Die Quellen	13	Halden	47	Geologie	96
Der Berrothsbrunnen	14	Vetterhöfe	47	Unterscheffach	102
Pommertsweiler	15	Obersontheim	50	Burg Scheffau	103
Wildenhof	16	Untersontheim	53	Reinsberg	104
Wildenhäusle	16	Ummenhofen	53	Burg Reinsberg	106
Altweiher	16	Eschenau	55	Hopfach	107
Hammerschmiede	19	Vellberg	56	Burg Hopfach	108
Zimmerbergmühle	19	Stöckenburg	63	Wolpertshausen	111
Adelmannsfelden	20	Talheim	67	Burg Bielriet	113
Bühler	21	Rappolden	69	Ramsbach	114
Stöcken	23	Burg Buch	70	Wolpertsdorf	116
Steinenbühl	24	Buch	70	Veinau	116
Senzenberg	26	Sulzdorf	71	Cröffelbach	118
Heilberg	28	Anhausen	73	Bühlerzimmern	122
Gantenwald	29	Burg Anhausen	75	Löwenburg	127
Bühlerzell	32	Neunbronn	76	Geislingen	128
Kammerstatt	34	Burg Hohenstatt	77	Literatur	132
Geifertshofen	35	Burg Hohenstein	77	Touristinformation	133
Kottspiel	36	Hohenstadt	78	Service-Adressen	133
Die Fischach	37	Jagstrot	78	Wanderwege	138
Herlebach	42	Der Otterbach	81	Grillplätze	138
Oberfischach	43	Altenhausen	81	Feste	139
Mittelfischach	43	Tüngental	82	Märkte	139
Unterfischach	44	Otterbach	83	Karte	140
Tannenburg	45	Oberscheffach	87	Impressum/Bildnachweis/Dank	144
Bühlertann	46	Die Schmerach	90		

Verflossene Liebe

wo wohl dein wasser hingeflossen ist
das meine zehn kleine zehen umfloss

hat schon mehrfach das meer verdünnt
als regentropfen heimgekehrt, getränkt

versickert im steinreichen untergrund
der quell blinzelt froh ins sonnenlicht

jede stund, jeden tag, alle jahre bist
herumgelaufen ums vellberger schloss

hast ertragen müssen manche sünd
warst weder eitel noch gekränkt

schon als kind konnt ichs nicht fassen
ohne ende wasser, diese massen
die du seitdem hast fließen lassen

hast mich sicher schon vermisst
lässt auch mich nicht mehr los

dein mantel wallend bunt beblümt
reuiger besucher ich, bin reich beschenkt

wie oft hing ich an deinem mund
fasziniert vom sein, vom leben schlicht

weiter murmelt, gurgelt, plätschert, frisst
dein wasser munter in sanfter hügel schoß

stille lebewelt sich labt und grünt
derweil erinnerung mit phantasie sich mengt

Vorwort

Nicht überall auf unserer Welt sind die Menschen so eng mit einem Fließgewässer verbunden wie wir hier in Deutschland. Fast ein jeder wird sich und seine Kindheit mit einem Fluss oder Bach in Verbindung bringen können. Wasser bedeutet Leben – das wird einem erst klar, wenn man auch die Wüsten besucht hat.

Am Oberlauf der Schmerach – also rechts der Bühler – sah ich das Sonnenlicht das erste Mal, links der Bühler – am Otterbach – lernte ich laufen, lachen und lieben.

Anfangs zog es uns Buben in die Otterbachklinge. Hier konnten wir ungestört Lager bauen, Bäume fällen, Staudämme errichten und Feuer machen. Neben der Natur gab es auch immer wieder Teile aus der Zivilisation zu entdecken: In der Kreuzklinge rostete ein alter Käfer vor sich hin, im und am Otterbach fanden sich noch Gasmaske, Patronenhülsen oder gar eine Bombe aus dem vergangenen Weltkrieg. Das war unser Abenteuerspielplatz ohne jede Aufsicht oder Genehmigung, und wir kamen mehr als einmal dreckverschmiert und patschnass nach Hause.

Mit dem Fahrrad vergrößerte sich unser Aktionsradius beträchtlich. Je länger unsere Beine wuchsen, desto größer wurden die zurückgelegten Strecken. So rückte bald die Bühler in unser Interesse. Zwischen Vellberg und Geislingen blieb uns links der Bühler kaum ein Fleck unbekannt. Seien es die Burgstellen, die durch ihr gänzliches Fehlen von Mauerstücken unsere Phantasie beim Ritterspielen beflügelten, der alte Wasserspeicher in Oberscheffach mit seinen Fröschen und Salamandern, die man „retten" musste, die Höhle des Einsiedlers von Anhausen, deren Gang bis nach Vellberg führen sollte, oder gar die verlassene Wohnstelle in Rappolden – Ausflüge, für die die Nachmittage gänzlich zu kurz waren und an denen die Nacht immer viel zu schnell über uns hereinbrach.

Mit der Konfirmation kam die erste eigene Spiegelreflex-Kamera, kurz darauf ein billiges Riesenteleobjektiv. Von da ab verbrachte ich zunehmend die Zeit in der Natur allein, wartend auf einen günstigen Augenblick, wartend, dass sich das Rotkehlchen oder der Zaunkönig doch endlich einmal auf den Ast setzen sollte, auf den ich scharf gestellt hatte. Die Stunden vergingen, und ich saß oft regungslos am Ufer der Bühler und beobachtete, verschmolz mit den großen Pestwurzblättern und wurde Teil der Natur, von allen anderen Lebewesen nicht mehr beachtet – jedenfalls so lange nicht, bis ich mich mit einer zu schnellen Bewegung verriet. Die Stunden des Wartens waren nie langweilig, es gab immer etwas zu lauschen oder sehen – zu guten Bildern kam ich trotzdem nicht.

So kamen die kleineren und weniger scheuen Tiere dran: Schmetterlinge, Käfer, Libellen. Und an die Wasserjungfern und Schillerbolde habe ich dann auch zum ersten Mal mein Herz verloren – die Faszination fesselt mich noch immer und die Neugierde wird für ein ganzes Leben reichen.

An der Bühler waren es vor allem die beiden Prachtlibellen-Arten, die mit ihrem schmetterlingshaften Flug und den metallisch-schillernden Farben für viele vergnügliche Stunden am und im Wasser sorgten. Doch bald schon waren es die Libellen aus dem Süden, die mich mit prächtigeren Farben lockten, und es waren andere Flüsse, an denen ich mich vergnügte. Zuerst die Durance in der Haut-Provence, dann die Flüsse Sardiniens und inzwischen die Libellen der Wüsten-Flüsse Tunesiens. Auto und Flugzeug vergrößerten den Radius der „terra cognita" beträchtlich, und nur noch selten war ich bei meiner alten Freundin – der Bühler – zu Besuch.

Das zweite Mal, dass ich mein Herz verlor, fand ausgerechnet am Ufer des Kochers statt, und mit meiner Familie wohne ich nun hoch oben über der Jagst, weit entfernt von der Bühler. Aber gerade deshalb komme ich gerne ins Bühlertal zurück. Es ist dieses immerwährende Gefühl der Vertrautheit, dass mich hier nicht loslässt, auch wenn sich einiges in den letzten 30 Jahren verändert hat. Doch im Bühlertal sind Veränderungen langsamer als anderswo.

Wenn ich nun auf den folgenden Seiten die Bühler vorstellen darf, dann ist es eine sehr persönliche Sicht, eine fast intime Nähe und eine Offenbarung alter Liebe.

Die Bühler hat auch heute nichts von ihren Reizen eingebüßt, die sie früher auf uns Kinder hatte, und jeder, der bereit ist, sich dem langsamen Rhythmus, dem zurückhaltenden Murmeln des Wassers oder den klaren Farben eines Frühsommertages im Bühlertal hinzugeben, wird dies erfahren.

Bernd Kunz

Die Bühler

Die Bühler glitzert wie ein silbernes Band in der Landschaft.

Die Organismenvielfalt der Bühler ist im Regierungsbezirk ohne Beispiel. In dieser Hinsicht bietet das Gewässer noch einen Lebensraum, der dem des vom Menschen unbeeinflussten Urtyps nahe kommt. Insbesondere die Wasserinsekten-Fauna (über 170 Arten), aber auch der übrige Makroformenbestand (mehr als 50 Arten), beherbergen eine Reihe seltener, schutzwürdiger Organismen, die in Nordwürttemberg sonst kaum noch vorkommen. Dies gilt insbesondere für den Unterlauf zwischen Vellberg und Geislingen. Es scheint dringend geboten, dieses einzige größere, noch nicht den Zivilisationsschäden anheimgefallene Gewässer Nordwürttembergs unter Naturschutz zu stellen.
Bericht zur Gewässergüte der Bühler, Dr. Buck. 1969

Dieses untere Bühlertal von Eschenau bis Geislingen am Kocher ist nicht nur eines der schönsten Täler des Landes Baden-Württemberg, es ist auch eines der ökologisch vielgestaltigsten, reichsten Gebiete: Die biologische Artenvielfalt des Flusses ist in Nord-Württemberg ebenso unerreicht, wie der Artenreichtum der Hangwälder und Trockenrasengesellschaften eine Seltenheit darstellt.
Denkschrift von Dr. Huber, 1976

Amtlich gesehen ist die Bühler gar kein Fluss, sondern ein Bach. Angesichts des Tales, das dieses Wasser schuf, wird im Allgemeinen von einem Fluss geredet. Und das hat Tradition. In der Anfang des 17. Jahrhunderts erschienenen Handschrift von Georg Widmanns Haller Chronik werden die Burgen des Bühlertals unter der Überschrift: „Der dritte Fluß" abgehandelt. Auch in den ältesten überlieferten Karten ist die Bühler immer als „Fluss" bezeichnet.

Die Bühler führt – eingerahmt zwischen ihren großen Geschwistern Kocher und Jagst – bis heute ein Schattendasein. Abseits jeder größeren Stadt und Straße ist sie über die Jahrhunderte sich treu geblieben und nach wie vor ein vom Menschen kaum beeinflusstes Gewässer.

Von der Quelle bei Pommertsweiler bis zur Mündung in den Kocher bei Geislingen durchfließt sie auf 51,3 km Länge ein Gebiet, das scheinbar durch nichts auffällt. Kein pulsendes Treiben, keine Großindustrie, keine Erwähnung im Duden. Dort erfährt man nur, dass mit Bühl oder Bühel im Süddeutschen und Österreichischen ein Hügel bezeichnet wird.

Der Familienname Bühler ist in Süddeutschland häufig und weltweit zu finden. Ob er seinen Ursprung an den Ufern der Bühler genommen hat, ist ungewiss. Ein Bühler ist in der Regel schlicht ein Bewohner eines Bühls, und solche gab es zuhauf. Auch am oberen Bühlertal finden wir die Ortschaften Steinenbühl, Kottspiel (Kottsbühel) und Wurzelbühl. Die Flurbezeichnungen sind noch häufiger und gebräuchlicher. Auch die Stadt Bühl im Schwarzwald und das dortige Tal, das Bühler Tal, zeigen diese Herkunft. Unser Bühlertal trägt seinen Namen von der keltischen Bezeichnung „bilerna" – die Schimmernde, die Glitzernde.

Durch das enge, schattige Tal, das große Gefälle und die Klarheit des Wassers glitzert und schimmert die Bühler bei entsprechendem Sonnenstand mehr als beispielsweise Kocher oder Jagst.

Geschichte

Die ersten Zeugnisse einer dauerhaften menschlichen Siedlung im bzw. am Bühlertal stammen aus der Latènezeit (ab ca. 500 v. Chr.). Bisher konnten bei Unteraspach und auf der Stöckenburg keltische Siedlungen nachgewiesen werden.

Die geringe Zahl der Artefakte und das Fehlen größerer Grabanlagen lassen dabei eher auf eine dünne oder vorübergehende Besiedlung schließen. Schon am Beginn der allerersten Besiedlung stand das Bühlertal im Schatten der wesentlich attraktiveren Salzquelle im Kochertal. Mit dem Einfall der Alemannen wird es ums Bühlertal wieder ruhig.

Als die Merowinger im 6. Jahrhundert vom Main aus planmäßig nach Süden expandierten, stießen sie in unserem Raum nur auf die alemannischen Siedlungen an Kocher und Jagst. Ihnen muss das Bühlertal aus strategischen Gründen gefallen haben, denn im 7. Jahrhundert gründen sie mit der Stöckenburg eine fränkische Königsburg, um den „weißen Fleck" auf ihrer Landkarte zu tilgen und wohl auch gegen die weiter im Süden hausenden „Heiden" vorzugehen. Von der Stöckenburg aus werden in allen Himmelsrichtungen Filialen gegründet. Westheim, Suntheim (Südheim), Onolzheim (Ostheim) und vermutlich Münkheim, denn im Norden lag bereits die fränkische Königssiedlung Regenbach. Zur Versorgung der Stöckenburg diente der Weiler im Tal – kurzerhand Talheim getauft. Nur zu dieser kurzen Zeit hat das Bühlertal für unseren Raum gesprochen im Mittelpunkt gestanden. Aus wirtschaftlichen und strategischen Gründen entwickelten sich die Filialen viel schneller und besser als die Stöckenburg, so dass die in ihr stehende Martinskirche bereits 741 an das Bistum Würzburg verschenkt wurde.

An der Bühler passiert wenig – das Tal ist zu eng und sumpfig für größere Besiedlungen. Durch die blutige Unterwerfung der Alemannen bei Cannstatt im Jahr 746 und die Machtübernahme der Karolinger wenige Jahre später kommt neuer Schwung in unsere Gegend. Wohl nicht ganz zufällig wird die Haller Salzquelle wieder „endeckt", und die Grafen von Rothenburg beginnen die Landschaft um Hall zu besiedeln. Sie gründen die Pfareien Tüngental und Reinsberg, besetzen das Untere Bühlertal mit Dienstleuten. Die Ungarnüberfälle am Ende des 10. Jahrhunderts führen zu einem vermehrten Burgenbau. Die Bielriet bauen eine Burg über dem Weiler Cröffelbach, um die Passage zu sichern, in Buch, Anhausen, Hohenstein, Scheffach und Hopfach entstehen kleine Vorposten. Da die Bühler „Energie" für die überlebenswichtigen Mühlen liefert, rückt sie wieder in das Interesse der Herrscher. Über das Fischachtal kommen die Haller bis an das Obere Bühlertal, von Ellwangen aus gründen Mönche Bühlerzell. Begünstigt wird dieser Aufschwung auch durch ein kurzfristig wärmeres Klima, das sich aber im Laufe des 14. Jahrhunderts wieder drastisch verschlechtert. Zudem wird Hohenlohe 1356 von einem schweren Erdbeben erschüttert – viele Burgen werden unbewohnbar. Der Adel zieht sich in die bequemere Stadt Hall zurück, nur in den Städten Vellberg, Suntheim und Bühlertann werden die Burgen modernisiert und zu Schlössern umgebaut. Die restlichen Burgen verkommen oder werden zu Raubritter-Burgen, was zu deren Zerstörung führt: 1381 wird die Burg Klingenfels durch eine List eingenommen und gesprengt, 1386 folgt die Burg Bielriet. 1462 besiegelt dann Herzog Ludwig von Bayern das Ende der restlichen Bühlertal-Burgen, die zu dieser Zeit sicher nicht mehr voll funktionstüchtig waren. Ohne viel Widerstand zerstört er in einem Handstreich die Burgen Buch, Anhausen, Hohenstatt, Hohenstein, Scheffau und Hopfach. Von nun an wird es ruhig an der Bühler, das hektische Treiben der Herrschenden streift nur noch die Städte Vellberg, Suntheim und Bühlertann.

Natur

Die Geschichte der Bühler beginnt natürlich nicht erst mit den Kelten, sondern viel, viel früher. Zum Ende des Pliozäns vor etwa 3 Millionen Jahren erhalten die Flüsse Europas ihre heutige Lage. Nach der Einsenkung des Rheingrabens änderten die Flüsse auch in unserer Region ihre ursprünglich der Donau zugewandte Fließrichtung. Durch das stärkere Gefälle gruben sich vom Rhein aus die Flüsse schnell ihren Weg nach Südosten. So wird auch die Bühler irgendwann einmal vom rheinischen System „angezapft" und macht den Weg für eine spätere fränkische Besiedlung über Rhein und Main möglich. Heute noch kann man erkennen, dass zum Beispiel die Fischach ihren Lauf in Richtung Südost bei Kottspiel um fast 320° ändern muss, um mit der Bühler in Richtung Rhein zu fließen. Nur wenige Kilometer östlich der Bühler verläuft die Blinde Rot fast parallel, fließt ihr entgegen.

Auch wenn die Bühler im Schwäbischen entspringt, ist sie doch eine schlitzohrige Hohenloherin. Sie zapft fast völlig unbemerkt der Jagst das Wasser ab. Durch Färbeversuche konnte man beweisen, dass nördlich der Jagst versickernde Bäche unter der Jagst hindurch Richtung Süden fließen, um etwa in Neunbronn als die „neun Quellen" wieder ans Tageslicht zu kommen. Die Bühlertaler Mühlenbesitzer konnten über die Wasserknappheit

Zauneidechsen-Männchen

ihrer Kollegen von der Jagst nur schmunzeln.

Aufgrund der Besiedlungsgeschichte ist die Bühler lange Zeit Grenzfluss zwischen Ellwangen und Hall gewesen. So trennt sie noch heute die Limpurger Berge im Westen von den Ellwanger Bergen im Osten.

Im Lauf der Jahrhunderte musste die Bühler unter dem Menschen nur wenig leiden, sie konnte im Großen und Ganzen so bleiben, wie sie war. Dadurch kann sie heute mit einem Naturreichtum und einer Wasserqualität glänzen, die man nicht mehr allzu oft findet. Das war in den 1970er Jahren auch Haller Naturschützern aufgefallen, und in einer fast 10-jährigen Anstrengung konnte das Untere Bühlertal unter Schutz gestellt werden. So ist ihr erspart geblieben, was Dieter Wieland in seinem Gedicht „Dr Fluss" für den Kocher darstellt, um den es Ende der 1970er schlecht stand. Umso größer war damals der Unterschied zur Bühler, heute haben sich beide Flüsse wieder angenähert, der Kocher zum Guten, die Bühler zum Schlechten.

Flora und Fauna

Das enge, schattige und kühle Bühlertal bildet einen anderen Lebensraum als die Täler von Jagst oder Kocher. Sie ist der letzte große Kaltwasser-Fluss in Baden-Württemberg und beherbergt noch heute viele darauf angepasste Organismen. Sie aufzuzählen wäre eine Fleißarbeit für Spezialisten. Halten wir uns zuerst an die dem Wanderer auffallenden Pflanzen: Für das Untere Bühlertal sind vor allem Türkenbund, Maiglöckchen, Bärlauch, Silberblatt, Zwiebelzahnwurz, Vielblütige Weißwurz, Einbeere, Aronstab, Stinkende Nieswurz, Haselwurz und Seidelbast, sowie die Orchideen Bienen- und Hummelragwurz, Zweiblatt, Rote Waldhyazinthe und Violette Stendelwurz zu nennen. Zwischen Cröffelbach und Geislingen kommen noch das Sichel-Hasenohr auf den Feldern und die Behaarte Schuppenkarde in der Bühleraue zahlreich vor. Auch wächst hier am Hang wilder Spargel, der wohl aus einem Garten oder Acker ausgebüxt ist. Im Oberen Bühlertal mit seinem Sandboden und deutlich mehr Niederschlägen finden wir dagegen eine andere Flora vor. Dem botanisch Interessierten fallen zuerst die vielen Farne, Moose und Bärlappe auf. Das Wintergrün findet sich ebenso selbstverständlich wie Heidelbeere und Preiselbeere. Schattenblume, Graslilie, Eisenhut, Roter und Gelber Fingerhut und der Waldgeißbart blühen oft im Verborgenen.

Eine Sonderstellung haben die Halbtrockenrasen auf den Wacholderheiden zwischen Bühlerzell und Obersontheim.

Hier findet man Deutschen, Frühlings- und Kreuz-Enzian, Zweiblatt und Pyramidenorchis.

Dr Fluss

in dr Schual
hobbe glärnd
dass des a Fluss isch
där blaawe Schdriich
uff dr Landkard

dr Fluss –
är isch umkibbd
soocha d Äxbärda

dr Fluss –
i hobn kennd
wuar no gleebd hadd
är wôôr aus Wassr gmacht
ganzagoor
un i hob de Fiisch
mein Schadda als gschiggd
fun dr Briig roo
dassn nedd zwoul wärd
fôr Leewasfraad
denne Bliiz

dr Fluss –
nach Fluss haddr gschmeggd
nr a wengle
un isch uff dr Haud
fun de Kiind
midd ins Bedd

aanr
held Dôôdawach
dr Anglr

un di
wu drou schuuld sann
an därra Laich
di macha Wedda
bo Lax un Schambannjr
wär funane
zäärschd umkibbd

Dieter Wieland

Der Eisvogel – oft als fliegendes Juwel bezeichnet – ist noch im ganzen Bühlertal zu Hause.

Bereits die Oberamtsbeschreibung Ellwangen von 1886 bedauert das Verschwinden der Sumpfpflanzen Wassernuss, Tannenwedel, Wasserfeder und des Vielteiligen Rautenfarns, der in ganz Baden-Württemberg – heute noch – nur bei Ellwangen vorkommt.

Bei den Kriechtieren findet man den Feuersalamander zahlreich in allen fischfreien Nebenbächen und Klingen, die ganzjährig Wasser haben. Am Waldrand und auf Blößen oder Steinriegeln sind Zauneidechse und Waldeidechse häufig, Blindschleichen findet man überall. An den warmen Hängen des Unteren Bühlertals kann man die Glattnatter sehen, wenn man vorsichtig genug ist; in den schattigeren Bereichen und Wiesen entlang des ganzen Flusses schlängelt sich die Ringelnatter. Giftschlangen gibt es keine – mehr. Die Ellwanger Oberamtsbeschreibung weiß noch von seltenen Funden der Kreuzotter zu berichten, einer Schlange, die es kühl und feucht mag. Von den Amphibien ist der Grasfrosch noch der häufigste, aber auch Erdkröten und Bergmolche findet man ab und zu, jedoch nicht am fließenden Wasser. Sehr selten sind Faden-Molch und Kamm-Molch.

In den Sandgebieten des Oberen Bühlertals findet man noch vereinzelt Kreuzkröten und Geburtshelferkröten – wegen ihres charakteristischen Rufes im Volksmund auch „Glockenfrosch" genannt.

Hoch oben in der Luft macht der Schwarzmilan auf sich aufmerksam, häufiger noch brütet der Rotmilan an den Hängen der Bühler. Sein Jagdrevier ist aber die offene Ebene, wo er hauptsächlich Wühlmäusen nachstellt. Eisvogel, Graureiher und Wasseramsel sind mit etwas Glück immer zu beobachten. Gebirgsstelze, Bachstelze, Grauspecht, Kleinspecht und Schwarzspecht ebenfalls. Den Wendehals sieht man nur noch mit viel Glück, regelmäßiger dagegen hört man Kuckuck und Pirol. Neuerdings kann man auch Uhu und Wanderfalke wieder hören, der Baumfalke ist wie der Wespenbussard selten geworden. Noch vor hundert Jahren waren die Vögel der Wiesen und Wald-Sümpfe häufig, so Wachtelkönig, Schnepfe, Bekassine, Wald-Wasserläufer oder Schwarzstorch (unten).

Ganz ausgestorben sind Haselhuhn und Birkhuhn, die es vor 1880 noch vereinzelt gab. Reh und Wildschwein sind häufig in den steilen Hangwäldern zu finden, hier sind sie vor Überraschungen sicher. Erstaunlicherweise meldet die Haller Oberamtsbeschreibung 1847 für das Untere Bühlertal das völlige Fehlen des Schwarzwildes. Auch der Otter wird nur für den Kocher erwähnt. Dagegen liest man in der 40 Jahre später erscheinenden Oberamtsbeschreibung Ellwangen, dass die Bühler nur Chancen hätte, zu einem guten Fischwasser zu werden, wenn es endlich gelänge, den überall häufigen Fischotter gänzlich auszurotten. Zu einer Jagdstrecke zählten damals immerhin noch fast 30 Stück. Daraus wird auch ersichtlich, dass Otter – und wahrscheinlich auch der Biber – eher an den sumpfigen Oberläufen unserer Bäche und Flüsse zu finden waren, denn in den steilen Muschelkalktälern. Nach einem Schneefall kann man bei einer Wanderung durchs Bühlertal Spuren von fast allen häufigen Raubtieren finden, allen voran Fuchs, Dachs und Hermelin.

Unter den Fischen sind damals wie heute die Groppe, Strömer, Steinbeißer und Bartgrundel zu nennen; ob das Bachneunauge noch vorkommt, ist ungewiss.

Die Bühler war auch reich an Krebsen, bis die Krebspest Anfang der 1990er den größten Teil des Bestandes dahingerafft hat. Als Kind kann ich mich erinnern, dass unter jedem größeren Stein, den man umdrehte, auch ein kleiner Steinkrebs saß. Der Krebsbestand erholt sich langsam wieder.

Auf der ganzen Länge bewohnt die Blauflügel-Prachtlibelle die Bühler und stellt damit zahlenmäßig eine der größten Populationen im Land. Die Gebänderte Prachtlibelle und die Kleine Zangenlibelle finden sich am Unterlauf, im Oberen Bühlertal sind es die Zweigestreifte Quelljungfer und die Grüne Flussjungfer, die als bundesweit gefährdete Arten hier noch vorkommen. Bei den Faltern seien der Große Eisvogel und der Schillerfalter hervorgehoben, der Schwalbenschwanz hat auf dem Aulesbuckel einen weithin sichtbaren Paarungsplatz, an dem sich die paarungsbereiten Tiere treffen; der Fachmann nennt dieses Verhalten „hilltopping". Natürlich ließe sich bei den Insekten noch lange weiter aufzählen, die Vertreter der Steinfliegen, Köcherfliegen, Wasserkäfer und so weiter.

Die Quellen

Wer auf eigene Faust und unvoreingenommen die Quelle der Bühler entdecken möchte, der findet entweder eine sumpfige Stelle im Wald oder ein Betonrohr, aus dem ein Rinnsal tröpfelt. Beides kein romantischer Platz für den Ursprung eines so vitalen Flusses wie der Bühler.

Die Straße von Pommertsweiler nach Lutstrut überquert einen kleinen unauffälligen Graben. Niemand ahnt an dieser Stelle, dass wenige Kilometer bachabwärts die Bühler einige Mühlen antreibt oder angetrieben hat. Folgen wir dem Graben bachaufwärts durch die Wiesen des Büchelfeldes, bis er in einem Knick direkt in den Wald hineinführt. Nach gut einem Kilometer kommt linker Hand ein Rinnsal dahergeflossen. Wenn wir es verfolgen, durchqueren wir eine sumpfige Au mitten im Wald, weiter oben entdecken wir wieder einen Graben, der kurz vor der Straße nach Vorderbüchelberg endet. Auch wenn wir den Bach weiter verfolgen, den wir gerade links verlassen haben, stehen wir nach etwa 200 m an einem Beton-

Zwischen den Weilern Lutstrut und Vorderbüchelberg beginnt die Bühler kaum merklich fließend ihren 51,3 km langen Lauf.

Der südliche Quellbach: Ein stiller Graben glasklaren Wassers mitten in einer sumpfigen Aue im Wald.

rohr, das aus einer weiten Wiesenfläche herausschaut und den Anfang der Bühler markiert.

Wasserläufer zerfurchen ab und an die spiegelglatte Oberfläche. Wer allein und ganz still für einen langen Moment tief in den Spiegel des Bühleranfangs sieht, wird – bei entsprechend romantischer Begabung – keine Schwierigkeiten haben, sich die Geschichten der fränkischen Wasserfraalich vorzustellen und auszumalen. Leider ist es in unserer technisierten Welt aus der Mode gekommen, Romantiker zu sein und so hat auch schon lange keiner mehr eines dieser zarten Fabelwesen gesehen.

Diese beiden unscheinbaren Gräben sind also der Beginn der Bühler. Aber wo ist dann die Quelle, die als „Berrothsbrunnen" in den Karten verzeichnet ist?

Der Berrothsbrunnen

Bereits früh begann das Bestreben des Menschen, alles um ihn herum zu erfassen und zu ordnen. Diesem Lebenszweck ist es zu verdanken, dass hierzulande viele Quellen – als absoluter Beginn eines Baches oder Flusses – eingefasst und kenntlich gemacht wurden. So war man in der Lage, einen klar definierten Punkt auf die Karte zu zeichnen, denn ein bedeutender Fluss konnte nicht einfach irgendwo beginnen.

Das müssen sich wohl schon unsere Vorfahren gedacht haben, denn sie deklarierten ein unscheinbares Loch zwischen den Weilern Lutstrut und Vorderbüchelberg, aus dem die meiste Zeit des Jahres kein Wasser fließt, zum Ursprung der Bühler. Dieser Punkt ist so unscheinbar, dass man Stunden damit verbringen kann, ihn zu suchen. Wer von Pommertsweiler her nach Lutstrut fährt, biegt kurz vor dem Weiler links in einen Feldweg ab, der geradewegs über einen Hügel in den Wald führt. Gehen Sie immer stur geradeaus auf dem Waldweg und schauen nach einem „Naturdenkmal"-Schild, das auffällig mitten im Walde steht. Ihm zu Füßen finden Sie dann den Berrothsbrunnen.

Der Familienname Berroth ist in Pommertsweiler nicht selten. Neben einigen Bürgern findet sich auch eine Bäckerei und eine Obstbrennerei namens Berroth. Der zuerst etwas ungewöhnlich klingende Name ist aber auch auf fast 2600 Internetseiten weltweit präsent. Nur verrät keiner dieser Einträge, wer die Bühlerquelle so benannte und warum.

Man kann nur mutmaßen, dass ein Pommertsweiler Berroth irgendwann einmal der Bühler einen ordentlichen Ursprung verpassen wollte. Und dies ist ihm gelungen.

Wiegenlied

Zwischen den Wurzeln am Stamm
unten im Ringe von Wald
ferne dem steinernem Gram
wo sie nur hölzern verhallt,

meine Stimme, mein Kind
leg ich im Rauschen es ab,
ach daß ein Reislein ich find,
hier ein lebendiges hab.

Immer ich hart wie ein Stein,
widerspenstig mein Mund,
nur ein Quellchen lief, ein
Wasser aus Trümmern zum Grund.

Sieh das Geheimnis im Moos,
öffne das düstere Tor,
brich mit dem Eiland im Schoß
zwischen den Stämmen hervor,

beide Arme, so wie
Vater und Mutter es wiegt,
schaukle, es lächelt, o sieh,
wie im Rinnsal der Freude es liegt.

Konrad Weiss

Der Berrothsbrunnen: Vom Menschen festgelegter Ursprung der Bühler, aber nicht die Quelle.

Pommertsweiler

Eine Wandergruppe zieht im letzten Abendlicht von Wildenhäusle Richtung Pommertsweiler am Altweiher entlang.

Sanfte Hügel bedecken überall, von Thälern und Schluchten durchfurcht, die Oberfläche, großentheils mit dichten Tannenwäldern überkleidet, zwischen welchen der Mensch nur in kleineren Ortschaften sich angesiedelt hat; bei Pommertsweiler selbst gegen Adelmannsfelden zu erstreckt sich eine Art Hochebene zwischen den Gebieten der Bühler und der Roth. Wasser ist in Quellen und Bächen überall in Fülle vorhanden, wozu noch ein paar ansehnliche Weiher kommen. Die Quellen und Bächlein im östlichen Theile laufen der fast an der Gränze hinfließenden blinden Roth zu; westlich dem Hohlen- oder Röthenbach, welcher geradezu die Westgränze bildet. Im mittleren Gebiete entspringt die Bühler mit mehreren ihr zulaufenden Nebenbächen.

Oberamtsbeschreibung Aalen, 1854

Pommertsweiler, früher auch Bombrechtsweiler oder Bomartzweiler genannt, hat eine wechselvolle Geschichte. Besitz im und am Ort teilten sich das katholische Ellwangen und die reformierte Herrschaft Adelmannsfelden.

Sanft schmiegt sich Pommertsweiler in die Hügellandschaft ein.

Die Oberamtsbeschreibung Aalen ewähnt 1854 ausdrücklich, dass der Ort keine eigene Kirche habe: *„Eine eigene Kirche ist nirgends"*. Heute gibt es zwei: die katholische St. Maria-Kirche und die evangelische Michaelskirche. Verwaltet wird der Ort von der Gemeinde Abtsgmünd, kirchlich wird er von Adelmannsfelden betreut.

Der Ortsname ist allerdings eine Eigenheit: er taucht im deutschsprachigen Raum kein zweites Mal auf.

In Pommertsweiler findet man ausgesprochen agile Landfrauen und ein reges Vereinsleben. Neben einer großen Gastwirtschaft und einigen Handwerks- und Industriebetrieben ist auch die Infrastruktur überdurchschnittlich.

Eine der wohl kleinsten Schulen im Land steht in Pommertsweiler. Die Dorfschule unterrichtet derzeit in den Klassen 1–4 insgesamt 47 Schüler. Neben einem eigenen Gebäude mit viel Platz hat sie sogar eine eigene Website.

Und mit Uwe Nittel kommt einer der besten deutschen Rallyepiloten aus Pommertsweiler.

Wildenhof

Wildenhäusle und Wildenhof kamen nicht etwa wegen einer besonders unbeherrschten oder unkultivierten Bevölkerung zu ihrem Namen, sondern wegen eines ehemaligen „wilden Weihers", an dem

Wildenhof und Wildenhäusle

sie gelegen waren. Ob dieser „wilde Weiher" nun unberechtigterweise angelegt oder natürlichen Ursprungs war, darüber schweigen sich die Archivalien aus. Man kann annehmen, dass der heutige Eisenweiher wohl an die Stelle des wilden Weihers getreten ist. Etwas oberhalb liegt der Hof Altweiher, der seinen Namen dem 1839 verlandeten und in Folge urbar gemachten Altweiher verdankt. Heute ist dieser Weiher wieder eine Zier in der Landschaft und ein beliebter Rastplatz für Wasservögel.

Die Herren von Vohenstein unterhielten den Wildenhof lange Zeit als Meiereihof, als Hof mit überwiegend Milchvieh-Haltung. Auf einer Viehweide südlich des Wildenhofs duldete die Herrschaft eine Ansiedlung mehrerer Hütten, aus der dann allmählich der Weiler Wildenhäusle entstand.

Und doch – nomen est omen – konnte der Wildenhof am 16. November 1771 kurz seinem Namen Ehre machen.

Erbschaftsstreitereien zwischen dem auf dem Wildenhofer Schlösschen lebenden Schwiegersohn der Marie Auguste von Vohenstein und der Freifrau Eleonore von Junken führten an diesem Tag zu einer blutigen militärischen Exekution, während der eine ritterschaftliche Abordnung den Hof stürmte, einige vohensteinische Untertanen tötete und die Hausherren nach Esslingen in ein Gefängnis verbrachte.

Die darauf folgende Plünderung des Wildenhofs soll so gründlich gewesen sein, dass nicht ein Nagel in der Wand verblieb.

Am 17. Juli 1777 wurde der Gefangene – der Freiherr von Gültlingen – freigesprochen. Die Ritterschaft musste 55000 Gulden Schadensersatz leisten sowie die Untertanen und die Witwen der Getöteten entschädigen.

Der Wildenhof kam später an das Königreich Württemberg und wurde 1827 verkauft.

Heute ist das Schlössle in Privatbesitz.

Einsam liegt der Hof Altweiher am gleichnamigen Gewässer, dessen Oberfläche im Winter oft malerische Strukturen annimmt.

Die vier großen Seen am Oberlauf der Bühler: Altweiher, Eisenweiher, Schleifweiher und Stahlweiher werden noch von einem Verbund von nicht weniger als 20 kleineren Teichen umgeben. Dazu kommt die relative Abgeschiedenheit und der Wegfall des damit verbundenen Erholungsdrucks.

So wundert es wenig, wenn man hier im Schilf den Drosselrohrsänger zu hören bekommt oder Reiherenten, Zwergtaucher und Haubentaucher ihre Jungen spazieren führen. Bei der Hammerschmiede liegt ein beliebter Campingplatz, auf dem man alle Annehmlichkeiten dieser Seenlandschaft genießen kann.

Im Winterhalbjahr dienen die großen Seen vielen Zugvögeln als Rastplatz. So lange sie nicht zufrieren, findet man auch eine große Anzahl von Wasservögeln hier. Wenn die Seen zufrieren, hinterlassen die Enten manchmal ihre Fußabdrücke auf der Eisoberfläche (unten). Im Sommer bevölkern Frösche und bunte Libellen das Seeufer.

Das Quaken der Teichfrösche (oben rechts) ist weit zu hören und gehört hier noch fest zu den Geräuschen eines Sommers.

Auch die Libellen sind Teil eines heißen Juli- oder Augusttages. Die Blutrote Heidelibelle (oben links) fällt durch ihre tiefrote Färbung auf und ist hier nirgends selten. Auch die majestätische Königslibelle, die in ihrem hellen Königsblau über der Wasseroberfläche patrouilliert, zieht die Blicke auf sich.

Der Teichfrosch

auf einer seerosenblattkante
sass bei vollmond jede nacht
ein teichfrosch der sich wandte
hin zum mond und dacht

ob dort wohl auch ein teichlein ist
so mit schilf und großem blatt
wo dann auch ein teichfrosch sitzt
der dort die erde zu sehen hat

vorausgesetzt es gibt ihn droben
ob auch er das gleiche denkt
ein teichfrosch hier, ein mondfrosch oben
das leben die schönsten dinge schenkt

so sitzt auf einer seerosenblattkante
nur bei vollmond jede nacht
ein teichfrosch der sich wandte
hin zum mond und lacht

doch weh, schon nach zwei tagen
ein stück vom mond fängt an zu fehlen
der teichfrosch fühlts mit unbehagen
gedenkt im stillen den mondfroschseelen

stück um stück der mond nun schwindet
und mit ihm des teichfroschs traum
den mondfrosch nun mehr niemand findet auf dem mond im weltenraum

unter einer seerosenblattkante
sass bei neumond jener frosch
der ein stossgebet zum himmel sandte
für den mond, der erlosch.

Die Sumpf-Schwertlilie mit ihren erhabenen gelben Blüten findet sich an den Weihern noch häufig.

Hammerschmiede

Eisenweiher, Stahlweiher, Schleifweiher – bei diesen Namen ist sofort klar, wozu die Weiher einst gedient haben. Das Wasser der Bühler und ihrer Nebenbäche musste bereits früh für den Menschen arbeiten. Der Eisenweiher wurde bereits 1024 urkundlich erwähnt.

Hans Ludwig von Vohenstein ließ den Eisenweiher vergrößern und gründete um 1598 die Hammerschmiede. Drei Feuer mit eigenem Hammerwerk und eigenem Wasserrad standen für Schmiedearbeiten zur Verfügung. Die Hammerschlagzahl wurde über die Wassermenge geregelt. Bis die Mühle im 30-jährigen Krieg zerstört wurde, stellten die Schmiede hier Hufeisen, Radachsen, Radreifen sowie Hämmer, Sensen und weitere Werkzeuge her. Im benachbarten Schleifhäusle befand sich eine Schleifmühle, so dass die Werkzeuge auch gleich ordentlich geschliffen werden konnten.

Schon 1662 wird die für das obere Bühlertal bedeutende Schmiede wieder in Betrieb genommen. 1716 kommt die Schmiede wieder in den Besitz der Vohenstein, später an das Königreich Württemberg.

Das Schicksal der Hammerschmiede wird mit dem Verkauf des Unternehmens 1825 besiegelt.

Der Verkauf wird an eine Bedingung geknüpft, die vermutlich den wachsenden Einfluss der industriellen Schmieden im Kochertal bestätigt: an dieser Stelle darf niemals mehr eine Hammerschmiede betrieben werden.

Seit 1867 ist die ehemalige Hammerschmiede nun im Besitz von Familie Hug. Und sie hat aus der Vertragsklausel das Beste gemacht: Die Schmiede wurde in eine Sägmühle umgewandelt und der Eisenweiher in eine Besatzfischzucht, übrigens die älteste Baden-Württembergs.

Rund um die Hammerschmiede finden sich noch weitere kleinste Ansiedlungen, deren Namen teils das Handwerk, teils die Nutzung widerspiegeln: Schleifhäusle, Ziegelhütte, Zimmerberg, Zimmerbergmühle und Neumühle im Einflussbereich der Bühler, auf den Höhen Adelmannsfelden zu noch Kuderberg, Mäder oder Wendenhof. Die Flurnamen rund um die Bühler-Seen zeugen von Wildreichtum und der Vormachtstellung der Natur: Wolfsklinge, Wolfsberg, Hirschberg, Finkenhau, Eulenklinge finden sich, aber auch der unterirdische Wohnort eines weiteren Wesens mit Huf und Schwanz: Hölle.

Dr ald Houf

was Schdaa isch
sandld roo
am Fachwärch
faula d Fias
dr Dachschdual –
wôrmich
un farhoudschd
fum Wiind

am alda Baura
sa Dôrschd
isch uff dr Häif
ezz driinggdr Reecha
daus fôrm Oôrd

de Juunge
freechd mr nooch
zwuu Aggrbraade waidr
wus ougnäim schmeggd
un kaa Salpäädr
noochd am Buzz

im Härbschd
ranschiiras
irne Kärrich
in da alde Houf
se brächa s Oubschd
un bloocha d Muadr
um an Greewa
um an Sagg
a Schnuur –

Dieter Wieland

Die Zimmerbergmühle liegt versteckt zwischen Obstwiesen und Wald.

Adelmannsfelden

Adelmannsfelden wird 1113 erstmals urkundlich erwähnt. Dem Namen nach ist zumindest ein Zweig der Familie Adelmann auch der Gründer des Ortes, das Schloss befindet sich noch heute im Besitz der Familie Adelmann von Adelmannsfelden.

Die Hochfläche zwischen Bühler und Blinder Rot gilt seit dem 8. Jahrhundert als besiedelt. Von Ellwangen und Aalen aus wurde die Besiedlung vorangetrieben.

Im Laufe des Mittelalters wechselt der Weiler häufig den Besitzer, so gehörte er den Grafen von Oettingen, der Abtei Ellwangen, den Schenken von Limpurg oder den Herren von Vohenstein.

Erst spät – 1591 – tritt Adelmannsfelden der Reformation bei und wird evangelisch. Im Jahre 1748 wird Franziska Theresia von Bernerdin geboren, die später Gräfin von Hohenheim ist sowie die zweite Frau des im Volke so beliebten Herzogs Karl Eugen.

Die Grafenfamilie Adelmann von Adelmannsfelden ist weit verzweigt und findet sich in vielen wichtigen Positionen der jüngeren weltlichen wie kirchlichen Geschichte. Raban Graf Adelmann von Adelmannsfelden war zum Beispiel nacheinander Regierungsrat, Reichskommissar, Generalkonsul und zuletzt Gesandter in Brüssel. Die Schaubecksche Linie der Grafen Adelmann gehört zu den besten Winzern in Deutschland. Auf Burg Schaubeck ist seit mindestens 700 Jahren der Weinbau urkundlich belegt.

1894 veröffentlicht Heinrich Lothar Honor Graf Adelmann von Adelmannsfelden seine amerikanischen Reise-Erlebnisse unter dem Titel: „62 Tage unter Yankees". Als landwirtschaftlicher Preisrichter zur Weltausstellung nach Chicago gereist, verband der Graf seinen Aufenthalt mit einer Eisenbahnrundreise nach Colorado und einem Jagdausflug nach Michigan.

Kirche und Schloss (links, etwas verdeckt) bilden eine Einheit.

Nach dem zweiten Weltkrieg mauserte sich Adelmannsfelden von einem landwirtschaftlich geprägten Dorf zur Wohngemeinde. Insgesamt 14 Wohnplätze liegen heute in der Gemeinde und alle können mit einer idyllischen Lage aufwarten. Eine erkleckliche Anzahl Handwerksbetriebe und einige kleine Industriebetriebe geben dem Ort seit den 1970er Jahren eine gewerbliche Struktur und ein Stück Eigenständigkeit.

Durch ein Modellprojekt des Landes konnte die Ortsdurchfahrt mit begleitenden dorfgestalterischen Maßnahmen Anfang der 1990er offen und freundlich gestaltet werden.

Ein wohlgestalteter Dorfteich bildet den zur Erholung einladenden Mittelpunkt des Ortes.

Bühler

Bühler an der Bühler. Wer wem den Namen gab, ist nicht mehr nachzuvollziehen, doch wird es wohl eher der Fluss gewesen sein, der als Erstes den Namen trug.

Auf einem Sporn über saftigen Wiesen thront der Ort über der Bühler, ein schmucker kleiner Weiler mit Kapelle und Gasthaus.

Der hier noch kleine Fluss schlängelt sich in weiten Mäandern als silbernes Band durch die Aue, die zu eng, kalt und sumpfig für eine Besiedlung gewesen wäre. Nur der kleine Ort mit dem wundersamen Namen Rams hat weiter unterhalb mit seinen vier Gebäuden Platz im Tal gefunden. Oberhalb von Bühler ist das Tal gar zu eng für die Straße geworden, immer wieder geht es steil hinauf auf die Höhen.

Der Ort Bühler liegt am westlichen Rand der seit dem 8. Jahrhundert besiedelten Hochfläche zwischen der Bühler und der Blinden Rot, wo die Herrschaft Adelmannsfelden den gleichnamigen Ort

Der Ort Bühler vom Fluss Bühler aus gesehen.

als Zentrum des Geschehens gründete. Noch heute ist das Alter und die Siedlungsstruktur anhand der Größe der Rodungsinseln ablesbar. Eine Hochstraße führt auf dem Kamm eines Bergrückens von Adelmannsfelden in den Ort Bühler. Es sind die letzten Ausläufer der Ellwanger Berge. Westlich schließen sich die Limpurger Berge an, eines der größten geschlossenen Waldgebiete in Württemberg.

Mit einer Siedlungsdichte von unter 50 Einwohnern pro Quadratkilometer gehört das Gebiet links und rechts des Oberen Bühlertals zu den am dünnsten besiedelten Regionen in Deutschland. Kein Wunder also, wenn hier zum Ende des 19. Jahrhunderts noch Birk- und Haselhühner geschossen und in den Ellwanger Bergen 1888 die letzte Wildkatze Württembergs erlegt wurde – wenn es denn wirklich die letzte der sehr heimlich lebenden Wildkatzen gewesen ist.

Hinter der Hangkante mit Salbei und Gräsern verschwindet die glutrote Sonne.

Der Aal

der aal war außen naß und glatt
glitt durch fluss, bach und watt

schwamm durchs meer gar viele
meilen hin und meilen her
holt sich hierbei keine schwiele
nur schwarze flecken teer

kroch durch feuchte wiesen auch
ohne füsse, aufm bauch

einfach nur zum zweck der paarung
weite strecken über land
suchte auch natürlich nahrung
immerzu, bis sie ihn fand

lebt im salzig wie im süßen wasser
mag es feucht, nass und nasser

träumt vom fliegen obendrein
von ner welt ohn sperrig wehre
saubres wasser wäre fein
schwimmt er seine grosse kehre

das alles kann ich, sprach der aal
drum nennt mich ruhig universaal.

Hier gaukeln die Blauflügeligen Prachtlibellen (oben links und Mitte Weibchen bei der Eiablage, oben rechts ein Männchen) schmetterlingsgleich durch die Luft, die kupferbraunen Weibchen stechen ihre Eier in die rötlichen Erlenwurzeln – und scheuen dabei auch nicht den Gang unter Wasser.

Die mit über 8 cm Körperlänge und gut 10 cm Flügelspannweite größte heimische Libelle – die Zweigestreifte Quelljungfer – (links) schwebt als schwarz-gelb geringelter Bleistift über dem Bach. Dem aufmerksamen Wanderer wird noch eine grün-gelbe Libelle auffallen, die oft sitzt und wenig fliegt. Die Grüne Flussjungfer ist innerhalb der EU als besonders gefährdete Art geschützt – hier hat sie noch ein kleines Vorkommen in der Abgeschiedenheit der Limpurger Berge.

Stöcken

Stöcken ist ein lang gezogener kleiner Weiler auf der rechten Hochfläche der Bühler, liegt auf einer Rodungsinsel und gilt als typisches Beispiel eines Waldbauerndorfes. Östlich von Stöcken liegt noch das Gehöft Eichhorn, nördlich das Patrizenhaus.

Unterhalb des Ortes etwas bühlerabwärts liegt die Sägmühle. Grüne Hügel, dunkle Wälder, Obstwiesen und kleine Weiler – wer denkt da nicht an eine Idylle. Dass dem nicht so ist, sagen Flurnamen wie Hungerbühl aus. Das Leben hier ist weitaus weniger angenehm als es an einem lieblichen Sommertag den Anschein hat.

Wer von der Hochfläche aus auf Stöcken schaut, der wird den massiven Berg wahrnehmen, der den Horizont gestaltet. Der Altenberg ist mit 564,2 m die höchste Erhebung der Limpurger Berge.

Im Norden von Stöcken fließt der unscheinbare Uhlbach der Bühler zu. Mit über 40 im Lithon gefundenen Insektenarten ist er fast doppelt so artenreich wie die Bühler (20–28 Arten) selbst.

Die Kapelle aus Stöcken wurde 1989 in zwei Teilen in das Hohenloher Freilandmuseum in Wackershofen transportiert, wo sie, idyllisch am Waldrand gelegen, die Baugruppe „Waldbauerndorf" bereichert. Das komplette Kapellenschiff wurde als Ganzes transportiert, lediglich der Dach-stuhl mit Türmchen folgte auf einem zweiten Tieflader. Mehrere Zugmaschinen mussten helfen, den steilen Berg im Museum zu bewältigen. Die kurvige und schmale Strecke bedeutete für den Fahrer wahre Millimeterarbeit.

Inzwischen steht in Stöcken wieder eine neue Kapelle.

Die Kapelle aus Stöcken hat im Hohenloher Freilandmuseum Wackershofen einen neuen Platz gefunden.

Unterhalb des Weilers Stöcken mäandriert die Bühler noch durch offene Wiesenlandschaft.

Steinenbühl

Steinenbühl, Weiler mit Kapelle, 4 3/4 km südöstlich von Bühlerzell gleichfalls auf der Höhe, schon tief in den Limpurger Bergen gelegen. Steinenbühl ist bereits für das Jahr 1380 genannt worden und im Jahr 1733 befanden sich dahier 2 hallische Halbbauern, 1 vohensteinischer, d.h. zur Herrschaft Adelmannsfelden gehöriger Bauer und noch im Beginn des laufenden Jahrhunderts erscheinen hier 2 zum Haller Amt Vellberg gehörige Unterthanen. Der Weiler gehörte bis ins laufende Jahrhundert zur Pfarrei Obergröningen (OA Gaildorf).

Oberamtsbeschreibung Ellwangen, 1886

Steinenbühl liegt zwischen Himmel und Erde.

Unterhalb von Steinenbühl nimmt die Bühler langsam Gestalt an.

Wer einen Platz zum Durchatmen, zur Meditation oder zur inneren Einkehr sucht, der findet ihn rechts des Weges zwischen Steinenbühl und dem Weiler Bühler. In der Einsamkeit einer Waldlichtung liegt – eingerahmt von drei großen Lebensbäumen – die still „Memento mori!" („gedenke des Todes!") rufende Kapelle zum „Heiland in der Ruhe" (rechts). Nicht einmal die Vögel scheinen hier laut oder aufdringlich zu sein und selbst der Wind hält sich zurück. Mit der Stille schleicht unweigerlich auch die Erinnerung ins Bewusstsein, bis uns ein vorbeifahrendes Auto wieder in die Gegenwart lärmt.

Beim „Heiland in der Ruhe"

Weit ab von den lauten Straßen,
Verborgen im tiefen Wald,
Da steht eine kleine Kapelle,
Da suchen wir Trost und Halt.

In all uns'ren Sorgen und Nöten,
Suchen wir Zuflucht hier,
Und finden Trost und Hilfe:
O Heiland, wir danken dir!

Segne du unsere Heimat,
und alle, die lieb uns sind:
Unser Haus, das Vieh und die Äcker,
Und Mann und Frau und Kind!

Du weißt um so viele Tränen,
Um so viel verborgenes Leid:
O Heiland, heil' du unsere Wunden,
Und mach unser Herz wieder weit!

Spruch in der kleinen Kapelle

Unterhalb Steinenbühls ist die Bühler eingerahmt von dichten Wäldern und fließt auf mehreren Kilometern ohne die Berührung mit menschlicher Zivilisation dahin. Etliche starke Quellbäche strömen ihr zu und formen dadurch die Bühler zu einem ansehnlichen Bach. Es ist kein Zufall, dass gerade hier die Kreisgrenze verläuft. Über Jahrhunderte war dies eine Grenzregion. Zwischen Franken und Allemannen, zwischen Ellwangen und Limpurg, zwischen Katholiken und Protestanten und zwischen politisch strukturierten Verwaltungseinheiten. Weitab von allem Geschehen scheint das Bühlertal hier zu sein, auch die Straße wird eng und holperig. Der Wald kommt ganz nah an die Bühler heran und nur ab und zu erhellt eine Wiese oder ein Acker die Landschaft.

Der ideale Ort einer Sommerfrische für Eigenbrötler, Selbstfinder und Ruhesuchende.

Der „Heiland in der Ruhe" (rechts) schaut auf grüne Wiesen und Wälder und leuchtet in deren Wiederschein.

Senzenberg

Weiler mit Mutter-Gottes-Kapelle, 2 1/2 km südsüdöstlich von Bühlerzell am rechten Abhang und auf der Höhe über dem Bühlerthal, zwischen diesem und dem von Nordosten herabkommenden Thal des Gruppenbachs gelegen, mit lieblicher Aussicht.

Ein Drittel und ein Zwölftel des Zehnten zu Sinzenberg (vom Personennamen Sinzo abzuleiten) wird im Jahr 1369 als adelmännisches Lehen von Ellwangen genannt und die Haller Bürgerin Guta von Bachenstein verkaufte am 11. August 1442 eine hiesige Mühle um 54 Gulden an die Heiligenpflege zu Bühlerzell. Sodann wird der Weiler auch noch in den Jahren 1489, 1533, 1578 erwähnt. Im Jahr 1733 gehörten 2 Mühlen, 4 Bauern, 1 Söldner zum fürstlichen Amt Thannenburg.

Oberamtsbeschreibung Ellwangen, 1886

Der untere Teil von Senzenberg liegt im Bühlertal.

Nur in sehr kalten Wintern gefriert das stets bewegte Bühlerwasser zu Eis.

Der Ort Senzenberg besteht aus zwei Teilen: dem eigentlichen Weiler auf der Höhe mit der Mutter-Gottes-Kapelle und der Mühle im Tal, zu der sich einige Höfe gesellt haben. Eine weitere Mühle – die Ziegelmühle – befindet sich im Gruppenbachtal, das den Ort im Süden begrenzt. Das idyllisch gelegene Haus lag lange Zeit brach und ist seit kurzem wieder bewohnt. Der Gruppenbach wurde früher durch mindestens drei Dämme aufgestaut, um den Betrieb der Mühle rentabler zu machen. Doch konnte die Ziegelmühle langfristig nicht mit den moderneren Mühlen mithalten.

Die Gegend um Senzenberg ist sehr wasserreich, überall sprudeln kleine Quellen aus dem Berg und rauschen muntere, klare Bächlein zur Bühler. Der sandige Grund und der Ursprung aus reinen Waldgebieten macht sie zu einem wertvollen Lebensraum.

Etwa 1,5 km oberhalb des Ortes Senzenberg befindet sich eine kleine Lichtung am Gruppenbach. Hier quert der Kirchenweg die an dieser Stelle gut 70 m tiefe Klinge. Auf dem Kirchweg gingen früher die Kirchgänger von Schönbronn zur Kirche nach Bühlerzell – immerhin eine gute Stunde Fußweg. Auch heute noch lohnt sich der Weg von Bühlerzell aus über den Roßberg hinunter zum Gruppenbach und wieder hinauf nach Schönbronn. Über Mangoldshausen und den Horgenbrunnen kann man den Rückweg antreten. Entlohnt wird man mit überraschenden Fernsichten, großartiger Natur und liebevoll gearbeiteten Kruzifixen und Bildstöcken am Wegesrand.

Der Große Wagen zieht in einer klirrend kalten Winternacht über Schönbronn seine Bahn.

Heilberg

Ein Stein erinnert an das Sonnenwendfeuer auf dem Heilberg.

Heilberg, Weiler, 1 1/2 km südlich von Bühlerzell beim Zusammenkommen der Bühler und des Hanbachs, der kurz zuvor den von Westen her kommenden langen Klingenbach aufnimmt, gelegen. Das eng gewordene Bühlertal ist hier sehr schön, die Waldbäume gehen bis an die Thalsohle herab. In Heilberg steht eine dem heiligen Laurentius geweihte Kapelle aus spätgotischer Zeit mit vieleckigem Chorschluß und Thürmchen darüber, 1883 stilgemäß wiederhergestellt.

Der Weiler, früher auch Hülberg, Hülleberg, Heulberg geschrieben wird erstmals im Jahr 1367 erwähnt. Die hiesige St. Lorenzkapelle wird im Jahr 1622 genannt, bestand aber wohl schon um die Mitte des 16. Jahrhunderts.

O.A.Beschreibung Ellwangen, 1886

Der heutige Weiler Heilberg schmiegt sich links und rechts der Bühler an die Hänge der drei ihn umgebenden Berge – Roßberg, Schollenberg und den namengebenden Heilberg im Süden. Hier mündet der idyllische Klingenbach, der zu romantischen Waldwanderungen an heißen Tagen einlädt. Drei Mühlen versorgte er früher einmal mit Wasser, zwei Mühlweiher bereichern noch heute die Landschaft. Arbeiten muss der Klingenbach nur noch ganz am Anfang: Er liefert Strom für die Teuerzen-Sägmühle. Auch der Hahnbach, der sich ebenfalls in Heilberg in die Bühler ergießt, treibt noch die Hambacher Mühle an, heute ein beliebter Ferienort zum Campen. Auf dem Heilberg wurde in jüngster Zeit die Tradition des Sonnwendfeuers wiederbelebt, wovon ein schön gehauener Stein Auskunft gibt.

Die Laurentius-Kapelle

Die spätgotische Kapelle steht – eingezwängt von der Straße – mitten im Ort. Von außen fällt sofort der dicke, achteckige Turm auf. Er beherbergt den Turmchor, in dem der reich geschmückte Altar steht. Eine Besonderheit sind die bemalten Tafeln an den Innenwänden der Kapelle, die die Stationen der Kreuzigung Jesu zeigen. Auch die Wände waren früher einmal reich mit Bemalungen verziert. Ein Teil davon konnte bei der kürzlich erfolgten Total-Renovierung wieder rekonstruiert werden. Seit Fronleichnam 2003 strahlt die kleine Kapelle wieder in altem Glanz.

Mit einem Prozessionszug von Bühlerzell aus wurde dieses Kleinod des Oberen Bühlertals wieder seiner Bestimmung übergeben.

Ein Blick aus 2800 m Höhe auf das Obere Bühlertal und das Fischachtal (rechts). Unten links Vellberg, darüber Obersontheim, im Hintergrund Bühlertann. Die Alpen schauen am Horizont durch die Wolken.

Gantenwald

Gantenwald, Weiler, 2 1/2 km südsüdwestlich von Bühlerzell auf der Höhe gelegen.

In Gantenwald, sowie in Vordergantenwald befand sich im Jahr 1733 je ein zum fürstlichen Amt Thannenburg gehöriger Halbbauer, in Hintergantenwald (heutzutage Gem. Geifertshofen, O.A. Gaildorf) ein limpurgischer Bauer.

O.A.Beschreibung Ellwangen, 1886

Gantenwald ist ein kleiner Weiler unter vielen im Limpurger Wald, und doch ist es nicht so. Touristenführer klammern hier gerne Geschichte aus. Schuld sind Geschehnisse während des zweiten Weltkrieges, die ein beschauliches Dorf bis heute ins grelle Rampenlicht zerren. Und so ist auch der kleine Weiler Gantenwald inmitten der Limpurger Berge unversehens zu einem Mahnmal gegen den Irr-

Eingebettet in die Limpurger Berge hat Wurzelbühl seinen Platz über dem Oberen Bühlertal.

sinn eines Krieges geworden. Zwischen 1943 und 1945 befand sich hier ein NS-Entbindungsheim für Zwangsarbeiterinnen aus Polen und der Sowjetunion. Ungefähr 50 Säuglinge wurden unter sehr schlechten hygienischen Bedingungen hier geboren.

Eine Mutter und 12 Neugeborene überlebten dies nicht und wurden am Waldrand unweit des Weilers beigesetzt. Der kleine Friedhof ist heute auch Erinnerungsstätte und wird von der Gemeinde vorbildlich gepflegt.

Das Klingenbachtal verbindet Gantenwald, Brunnenhaus, Reitenhaus und Säghalden mit dem Bühlertal. Hier vereinigen sich aufs Schönste artenreicher Mischwald und liebliches Wiesental, ganz zur Freude des Wanderers.

Der Graureiher (links) – im Volksmund oft auch Fischreiher genannt – kann als typisch hohenlohisch gelten. Graureiher sieht man oft auf den Wiesen stehen oder gehen, auf der Jagd nach ihrer Hauptnahrung, den Mäusen. Also müsste er eigentlich „Mausreiher" heißen, da er unter den Reihern derjenige ist, der am meisten Mäuse frisst. Während beispielsweise der Storch wesentlich mehr auf Großinsekten und Amphibien angewiesen und darum bei uns selten geworden ist, findet der Graureiher noch genügend Nahrung auf unseren Wiesen. Der Bestand war Mitte der 1970er Jahre zusammengebrochen und erholte sich nach Schutzmaßnahmen langsam wieder. Heute wird er als vermeintlicher „Fischdieb" nur noch selten verfolgt.

Ein anderer Helfer der Landwirtschaft ist der Mäusebussard (rechts), im Vogelkundler-Fachjargon kurz „Mäbu" genannt. Auch er ist nun seit langem geschützt und mit ihm erholten sich auch die Bestände der selteneren und schwierig zu unterschei-

denden Wespen- und Rauhfußbussarde. Im Oberen Bühlertal noch relativ häufig anzutreffen ist der Grasfrosch (unten), dessen Lebensraum die Wiese und die Hochstaudenflur ist. Er ist oft schon Ende Februar mit der Eiablage beschäftigt. Das Frühjahr ist auch die Zeit für die Fischbrut (oben) der Bühler. Hier finden die kleinen Fische noch genügend Flachwasserzonen, um sich im wärmeren Wasser schnell entwickeln zu können.

Die netzbauenden Kreuzspinnen schöpfen im Spätsommer den Insektenreichtum ab, um ihrerseits für Nachkommen zu sorgen. So hat jeder seinen Platz und seine Funktion im Naturhaushalt.

Bühlerzell

Inmitten grüner Wiesen und Wälder gebettet liegt Bühlerzell.

Der Ort, früher auch Byllerzell, Bylerzell, Bylerzelle, Pilerzel, Bilerzelle, Wilerzelle geschrieben und urkundlich im Jahr 1359 erstmals erwähnt, verdankt seine Entstehung ohne Zweifel einer kleinen mönchischen von Ellwangen ausgehenden Niederlassung und blieb auch in der Folge fast durchwegs kloster- bzw. propstei-ellwangisch. Früher soll ein bedeckter Gang von der Kirche durch die Friedhofsmauer nach dem ursprünglichen Frauenkloster geführt haben.

O.A.Beschreibung Ellwangen, 1886

Um das Jahr 800 wird Celle an der Byler von ellwangischen Mönchen gegründet. Solche Einsiedeleien im strategischen Niemandsland hatten Methode, wie die heute noch erhaltenen Ortsnamen Kupferzell, Jagstzell und Leinzell bezeugen. Hier ging es nicht um die Neugründung eines Klosters, sondern schlicht um die Ausweitung des klösterlichen Besitzes. Auch um neues Terrain zu erobern, neue Einnahmequellen zu erschließen und letztendlich die Christianisierung unter den Heiden voranzutreiben. Im Schatten des strategisch besser gelegenen Bühlertanns wuchs der Ort nur langsam. Stück um Stück verkaufte das Kloster Ellwangen seinen Besitz rund um den Ort im Mittelalter an die Schenken von Limpurg und andere Herrschaften. Der Ort aber bleibt überwiegend im Besitz des Klosters Ellwangen. Erst 1938 kommt der Ort im Zuge der Gemeindereform zum Landkreis Hall.

Die Kirche zu „St. Maria, Königin des Rosenkranzes" in Bühlerzell.

In einem Würzburger Pfarrverzeichnis von 1285 ist auch der Name Celle zu lesen, der nicht sicher mit Bühlerzell in Verbindung gebracht werden kann. Sicher ist nur, dass zu dieser Zeit hier bereits eine dem Kapitel Hall unterstellte Pfarrei bestand. Eine Pfarrkirche zu „Mariä Verkündung" ist erstmals 1342 erwähnt. Die heutige Kirche ist „St. Maria, Königin des Rosenkranzes" geweiht. Sie wurde in den Jahren 1877–1879 an den um 1504 entstandenen Chorturm angebaut. Es ist das dritte Kirchenbauwerk auf diesem Platz. Die Wand-und Deckenmalereien mit überwiegend Blumenmotiven in der Kirche gehören zu den Schönsten im Kreis und sind eine Reise wert.

Hartnäckig hält sich die Sage von einem Frauenkloster im Ort, dass der Überlieferung nach sogar einen überdachten Zugang von der Kirche aus hatte. Einst umgab eine hohe Mauer die Kirche, bauliche Reste einer Klosteranlage fanden sich jedoch noch nicht.

Die Gemeinde Bühlerzell ist nicht nur eine der kleinsten Gemeinden im Kreis, mit knapp 40 Einwohnern je Quadratkilometer ist das Land hier weit unter Durchschnitt besiedelt – beste Voraussetzungen für schöne Wanderungen. Hinzu kommt, dass mehr als die Hälfte des Gemeindegebietes mit Wald bewachsen ist. Der Wechsel von dunklen Wäldern und hellen Blumenwiesen macht den besonderen Reiz dieser Gegend aus. Ein viele Kilometer langes Wanderwegenetz durchzieht das Gebiet und wartet auf Wanderer.

Die Bühlerzeller haben eine lange Fastnachts-Tradition. Mit Tanz und Umzug wird Fastnacht begangen, die Bühlerzeller Guggen-Musiker

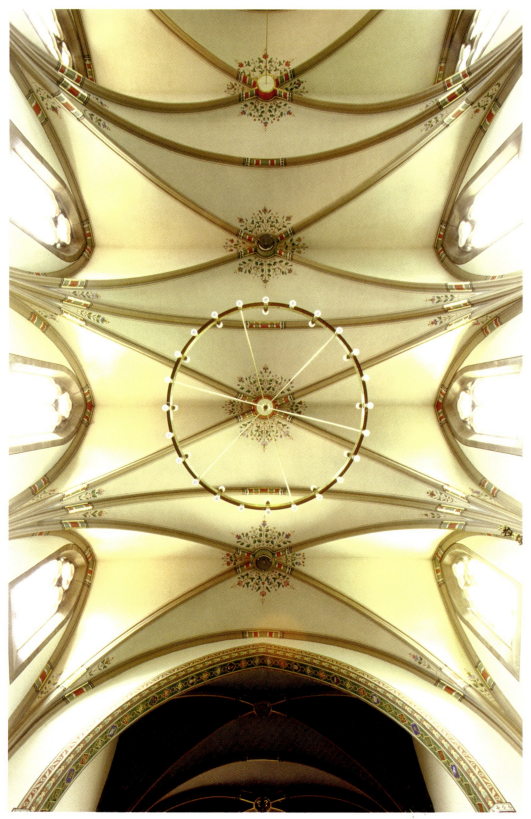

Die schöne Blumenbemalung sowie der symmetrische Aufbau der Kirche faszinieren den kunstsinnigen Betrachter.

Tief verschneit präsentiert sich der halbmaurische Steintempel kurz vor Kammerstatt.

sind über die Kreisgrenzen hinaus bekannt. Schon immer äußerst kreativ in der Gestaltung ihrer Wagen und kein Blatt vor den Mund nehmend, hat ein Spruch auf einem Fastnachtswagen aus den 1970er Jahren den Sprung zur landesweiten Bekanntheit geschafft. Die Bühlerzeller Brieftaubenzüchter waren über die Bestrebungen, alle Raubvögel unter Schutz zu stellen, derart erbost, dass sie folgende Zeilen dichteten: *„Lieber Habicht, fliege weiter und hol' in Hall den Vogelschützer Schneider."* Geholfen hat es nichts: Habicht, Sperber und Bussard dürfen bis heute nicht mehr geschossen werden. Dass dies der Bühlerzeller Taubenzucht nicht schadet, zeigt die Meldung des Brieftaubenvereins Bühlerzell vom 20.02.2003: „Bühlerzell hat eine Olympiasiegerin!" Eine Taube aus einem Bühlerzeller Schlag wurde bei der 28. Brieftauben-Olympiade in Lille, Frankreich, als eine der schönsten Tauben der Welt ausgezeichnet!

Kammerstatt

Kammerstatt, Weiler, 3 1/2 km nordöstlich Bühlerzell hoch gelegen, mit Kapelle zur „Hl. Dreifaltigkeit". Über ihrem Eingang steht 1864; das Innere enthält eine gute, spätgotische, noch aus dem 15. Jahrhundert stammende Madonna mit Kind auf dem linken Seitenaltar, unterlebensgroß, mit dem der fränkischen Schule eigenthümlichen Liebreiz. – Den Hochaltar ziert eine Holzreliefafel aus der Renaissancezeit, darstellend das heilige Abendmahl, zur Seite je ein Hohepriester. – Der Ort ist weitläufig gebaut, von Birken, Obst- und Nußbäumen umgeben. Auf der Straße gegen Kottspiel steht rechts ein wunderbarer Steintempel in halbmaurischem Geschmack: Zur Ehre Gottes gestiftet von Joseph Schneider und Mari Anna Schneider; oben am Aufsatz steht: Karl Friedrich Wildenmuth Steinhauer im Jahr 1872.
O.A.Beschreibung Ellwangen, 1886

Das Klima im rund 500 m hoch gelegenen Kammerstatt ist sichtbar rauer als in Bühlerzell. Dennoch gedeihen hier Obstbäume. Der Weiler wird 1339 erstmals urkundlich erwähnt und gehörte zur Tannenburg. Mit der Kapelle zur „Heiligen Dreifaltigkeit" besitzt der Ort ein wahres Kleinod mit wertvollen Heiligenfiguren. Die Wälder rund um Kammerstatt laden zu sommerkühlen Wanderungen ein, besonders das Tal der Blinden Rot, das die Gemeindegrenze markiert, und der im Wald liegende Treibsee. Im Herbst locken die Wälder mit Pilzreichtum.

Geifertshofen

Vermutlich eine fränkische Gründung des 9. oder 10. Jahrhunderts, wird Geifertshofen 1085 erstmals urkundlich erwähnt: Walther von Bielriet schenkt den Ort neben anderen dem Kloster Komburg. Später kommt Geifertshofen an die Schenken von Limpurg, die 1551 die Reformation durchsetzen. Mit Johann Georg Büschler aus Hall hat Geifertshofen bereits 1559 einen evangelischen Pfarrer. Darüber kommt es mit dem Kloster Ellwangen zu einem heftigen Streit. In einem 1592 geschlossenen Vergleich treten die Schenken den Ort Bühlerzell wieder an das Kloster ab, Geifertshofen aber bleibt evangelisch. Über die Jahrhunderte blieb zwischen Bühlerzell und Geifertshofen so eine konfessionelle wie sprachliche Grenze erhalten. Noch heute wechselt der wissenschaftlich korrekt als *Lepus communis* bezeichnete Feldhase von Geifertshofen nach Bühlerzell sprachlich von „hoos" zu „haas". Auch die doppelröhrigen Beinkleider wechseln vom hohenlohischen „hous" zum schwäbischen „hoos" was zu Ver-

Geifertshofen schmiegt sich in ein flaches Seitental zwischen Bühler und Fischach und liegt gut sichtbar „im Grünen".

wirrungen bei Uneingeweihten führen kann. Leider verwaschen sich durch Radio, Fernsehen und Zuzug die sprachlichen Feinheiten mehr und mehr. Konnte man noch vor 30 Jahren an der Sprache beurteilen, aus welchem Dorf der Redner stammte, ist heute vielleicht die Gemeinde noch herauszuhören.

Bereits um 1600 besitzt Geifertshofen eine Schule, die 1650 erweitert werden muss. Ein großer Brand, dem fast alle Gebäude des Ortes zum Opfer fallen, überschattet die Geschichte des Ortes. Die Pfarrkirche zum „Heiligen Sebastian" wird 1626 auf den Grundmauern der niedergebrannten Kirche errichtet und schließlich 1902 nochmals fast komplett umgebaut. Zu dem Recht, jährlich zwei Märkte abhalten zu dürfen, kommt Geifertshofen 1813. Diese Märkte werden auch heute noch jeweils am ersten Donnerstag im März und September abgehalten und sind Höhepunkte im dörflichen Leben.

Einen neuen Anziehungspunkt besitzt Geifertshofen seit einigen Jahren mit der Dorfkäserei. Nach einem ganzheitlichen Konzept, das etwa auch die Heizung oder die Gastwirtschaft „Ochsen" mit einschließt, wurde der Gebäudekomplex mit viel EU-Geld von Grund auf renoviert und eine moderne Käserei eingerichtet. Durch die großen Glasscheiben der Schaukäserei kann jedermann beim Käsen zuschauen, im angeschlossenen Laden Käse kaufen oder in der Wirtschaft Käse essen.

Die Landschaft um Geifertshofen wird landwirtschaftlich bestimmt und ist durch weiche Formen gekennzeichnet.

Kottspiel

Kottspiel, früher auch Kodsbuhel, Cotesbuhl, Kottspuhel, Kotschbuhel, Kotzbühel, Kotzpühel, Kozesbuhel, Kotsbühel, Kozbuhel, Kotspuhel, Kozzesbuhel geschrieben – ein wohl vom Eigennamen Cozo, Cozzo, Kozzo, und Bühl = Hügel abzuleitender Name – tritt in der Geschichte zuerst als Sitz eines adeligen Geschlechts auf, welches in der Folge namentlich zu Hall verbürgert erscheint.

O.A.Beschreibung Ellwangen, 1886

Das letzte Sonnenlicht eines Winterabends beleuchtet Kottspiel.

Schon im 11. Jahrhundert haben die Bielriet ausgedehnte Besitzungen in Geifertshofen und in Theuerzen, die sie 1085 dem neu gegründeten Kloster Komburg schenken. Es ist nicht abwegig anzunehmen, dass sie als Beobachtungsposten schon früh den Weiler Kottspiel genau zwischen den ellwangischen Orten Zell und Thann an der Bühler gründeten und mit Vasallen besetzten. Und es ist sicher kein Zufall, dass kurz nach Aussterben der Bielriet die Adeligen von Cotesbul 1230 als Haller Adel erstmals urkundlich erwähnt werden.

Auch wussten die Kottspühel geschickt die Entfernung zu ihren Lehensherren auszunutzen, um ihren Besitz zu vergrößern. 1294 verkaufen Sifrid und Wolfram von Kottspühel ihren Zehnten in Herlebach. Im Jahr 1340 zieht ein Teil der Kotzbühl aus der Stadt Hall, jedoch ist nicht vermerkt wohin. Interessant ist in diesem Zusammenhang, dass 1350 ein Nukotsbühel (Neu-Kottspiel) erwähnt wird. Im Osten von Obersontheim befindet sich bei den Schenkenseen ein alter Burgstall, dessen umgebender Wald mit Neukottsbühl benannt wird. 1380 ist ein Walter von Kotzbühl Pfarrer in Hall. Hans von Kottspühl schenkt dem Kloster Ellwangen 1397 drei Güter, die aber 1578 (wieder) an Limpurg kommen. Ab 1416 sind keine Adeligen von Kottspiel mehr erwähnt, als Besitzer erscheinen unter anderen die Vellberg und die

Adelmann. Dass die Kottsbühl auf ihrer neuen Burg bei Obersontheim ein unrühmliches Ende genommen haben, könnte aufgrund der Flurnamen „Mörder" und „Mörderklinge" vermutet werden. Von dem einstigen Wasserschloss sind heute nur noch Reste der Gräben am Bühlerufer enthalten. Die Kirche zu Kottspiel ist dem Hl. Leonhard geweiht, dem Schutzpatron der Bauern, Fuhrleute und Schmiede – daher die Darstellung mit Ochs und Kette. Das spätgotische Bauwerk wurde 1993 restauriert. Es besitzt einen hübschen Renaissance-Hochaltar mit zwei gotischen Holzfiguren. Die größere der beiden Glocken trägt die Umschrift: *„hilf maria. bernhart lachamann gos mich 1499"*. Die Kleinere: *„das hat geformt peter keslschmid von augsburg anno MCCCCXLIIII"* (1444).

Kurz unterhalb von Kottspiel mündet die Fischach in die Bühler ein. Im Mittelalter waren die weiten Wiesenflächen sumpfig und ein guter natürlicher Schutz vor Feinden, wenn man von der Mückenplage einmal absieht.

Die Fischach

Die Fischach fließt eingebettet zwischen den Limpurger Bergen noch heute in Richtung Donau.

Die Fischach entspringt am Rücken des Einkorns, des Haller Hausberges. Sie zwängt sich zwischen die Limpurger Berge und entwässert diese fast gänzlich, von wenigen kleinen Bächen zum Kocher hin abgesehen. Ihr Lauf richtet sich noch heute nach Südost, so als wollte sie wie vor 20 Millionen Jahren der Donau zu springen. Die flachen Hügel des Keupers, die das Fischachtal bilden, haben bis heute eine zu große Intensivierung der Landwirtschaft verhindert. Daher findet man auf den kargen Böden heute noch Pflanzen, von denen schon Dichter reimten, sie seien „Närchends" mehr zu finden. Hier kann man aber mit etwas Glück noch Klatschmohn, Ackerrittersporn, Adonisröschen, Erdrauch, Ackersteinsame oder Kornblumen finden.

Bei Kottspiel muss sich die Fischach, die leider fast in ganzer Länge als einer der ersten Bäche „reguliert" und begradigt wurde, um fast 320° verbiegen, um mit der Bühler Richtung Rhein fließen zu können. Sie liefert hier gut ein Drittel des Bühlerwassers, dass durch Bühlertann fließt, sie ist damit der ergiebigste Nebenbach der Bühler vor Schmerach und Otterbach. Doch zurück in den Einkornwald. Auch die Fischach entspringt diffus in mehreren Armen, die sich unterhalb des Rauhen Berges vereinigen, und die Alte Fischach bilden. Hier liegt eine wunderschöne Lichtung, und dem Wanderer erschließen sich noch Auwaldbereiche, die andernorts inzwischen selten geworden sind. Die Lichtung wächst offensichtlich nicht zu, obwohl sie nicht gemäht wird. Wir Kinder haben diese Stelle mit Bomben-Abwurf-Platz betitelt. Die Wehrmacht veranstaltete hier bei Kriegsende Bombenabwurf-Versuche und Zielwürfe. Zu diesem Zweck wurde eigens eine Schmalspurbahn mit Loren gebaut, die es zu treffen galt. In meiner Kindheit waren Teile davon noch zu sehen und wir wunderten uns, wem hier Schienen und Loren genutzt haben konnten.

Lange nach dem Krieg benutzten die amerikanischen Streitkräfte den Platz einerseits als Erholungsgebiet mit angelegten Grillplätzen, andererseits auch zu militärischen Übungen. Viele Waldbereiche waren und sind abgesperrt, da weitläufig im Wald verteilt noch heute Bomben zu finden sind, von denen niemand weiß, ob es Übungsmunition oder scharfe ist. Dass nicht nur mit Betonbomben geworfen wurde, bezeugen die vielen Bombenkrater im Wald.

Heute ist das Gebiet sehr weiträumig zu einem Bannwald gemacht worden, um der Natur die Chance zu geben, die ungestörte Entwicklung der letzten 50 Jahre fortzusetzen. Dieses Gebiet ist eine Naturoase ohnegleichen, und es sollte respektiert werden, dass der Mensch auf die Wege beschränkt ist.

Kirchenruine auf dem Einkorn: eine ehemalige Wallfahrtskirche

Im Einkornwald entspringt nicht nur die Fischach, sondern auch Volkstümliches. Finanzrath Moser, der 1848 die Oberamtsbeschreibung Hall verfasste, wusste noch von weiteren Eigenheiten des Einkornwaldes zu berichten:

„An den Einkorn knüpfen sich einige Volkssagen, die uns Herr Pfarrer Cleß mitgetheilt hat. Die erste ist jene vom

Rehberger oder Rechberger

Derselbe ist der Rübezahl des hallischen Landes, obschon nicht in dem wohlthätigen und hülfreichen Sinn, in welchem sich der Geist des Riesengebirges kund gibt. Rehberger ist der neckische Spuk-, Irr- und Poltergeist, der die Spätlinge, die mit etwas zu voller Ladung

---

Närchends

Närchends
blieehbt mäeh
e Koerebloeme,
e Riddrschporn
oder schunscht noch
e Bläemle im Ackerfeld.
Alli hat mer s
em Profidd
scheiime si nidd
und singe immer noch,
wenn s aan in dr Kroene hewwa:

„Kornblumenblau..."

Gottlob Haag

Das Bannwaldgebiet am Ursprung der Fischach ist ein wahres Naturparadies, das an einem Sommerabend mit Farben und Düften betören kann. Im Zusammenspiel von Wald, Staudenflur und Wasser haben sich hier eine Vielzahl von seltenen Tieren und Pflanzen niedergelassen.

Da Teile des Waldes noch durch Bombenübungen während des Zweiten Weltkrieges munitionsverseucht sind, sind sie seit Kriegsende unberührt geblieben und haben sich bereits in Richtung Urwald (linke Seite oben) entwickelt. Die große Freifläche ist seitdem ungemäht geblieben und diente teilweise den amerikanischen Streitkräften für militärische Übungen. Die Pflanzenwelt hat sich so ungestört entwickeln können.

Neben der Neubürgerin Lupine (linke Seite unten links und rechts, rechte Seite oben) findet man Adlerfarn (unten links), Heckenrose (linke Seite Mitte) und Wald-Witwenblume (unten rechts) sowie Borstige und Pfirsichblättrige Glockenblume, Akelei, Klebriges Leimkraut, Berg-Flockenblume, Echter und Wolfs-Eisenhut, Sanikel und Sterndolde.

Viele Schmetterlinge und gar 26 Arten Libellen tummeln sich auf den Freiflächen um die Seen und Bombentrichter, Amphibien wie der seltene Kamm-Molch und die Gelbbauchunke finden hier ein ungestörtes Plätzchen.

Waldschnepfe, Dorngrasmücke und Feldschwirl seien bei den Vögeln extra erwähnt, Baummarder und Haselmaus bei den felltragenden Wirbeltieren.

Auf der nächsten Doppelseite eine Feuchtwiese im oberen Fischachtal mit voll blühender Kuckucks-Lichtnelke, deren zahlreiche Blüten sich im sanften Frühsommerwind wiegen.

heimkehren, die Händler, welche ein nicht ganz moralisches Profitchen im Gurt, oder ein dergleichen Projekt im Kopfe durch die Nacht tragen, die menschlichen Kater, die ‚um die Feuerleitern streichen', die Fuhrleute, welche, um die bei Tag in den Wirthshäusern versäumte Zeit hereinzubringen, nächtliche Weile ihr armes Gespann bergauf plagen, irre führt. Bald leuchtet er als eine Feuersbrunst in einer benachbarten Ortschaft und lacht unbändig, wenn die Gefoppten den brennenden Weiler unversehrt und in tiefster Ruhe finden; bald schreit er kläglich um Hülfe, und scheint sehr befriedigt, wenn die zu Hülfeeilenden in eine Pfütze plumpen; bald knarrt und ächzt er als überladener Wagen mit Peitschengeklatsch und Fluchen eine Steige hinauf, und ist plötzlich stille, wenn die, welche Beistand leisten wollten, ihr eigenes Fuhrwerk in einen Graben absetzten; bald humpelt er als müder, gebückter Wanderer mit einem Wesen, als wünsche er die Gesellschaft des Nachschreitenden, auf einem Fußpfade voraus, und ist jählings verschwunden, wenn dieser von einem herabhängenden Baumast einen Schlag vor den Schädel erhält, oder seine Beine gen Himmel kehrt; bald tanzt er als ein Licht voraus, und verlischt, wenn die Leute nach einigen Stunden genau da wieder an den Ort gelangen, von wannen sie ausgegangen sind. Sein Gebiet ist die ganze Gegend, welche vom Kocher und Bühler-Fluß umschlossen wird, also vorzugsweise die sogenannte thüngenthaler Ebene bis Ober-Sontheim, und das Fischachtal, sein eigentlicher Sitz aber ist der Einkorn.

Die zweite Sage handelt vom

Jäger-Cuornle

Jäger-Cuornle (Conrad) war vor nicht gar langer Zeit ein Forstknecht auf dem Einkorn, der hatte seine Seele dem Teufel verschrieben, dafür, daß er Alles treffe, was ihm vor den Schuß käme. So ward er der Tod alles Wildes, aber auch der Schrecken der Wildschützen, deren mehr als einer seinem Geschoß erlag. Er hielt zugleich eine Schenke auf dem Einkorn und hatte vielen Zuspruch von den benachbarten Ortschaften und von den angesehensten Einwohnern von Komburg, Steinbach und Hall; denn er war, obschon ein unheimlicher, doch ein wohlgebildeter interessanter Mann, von feinen Sitten, und das Unheimliche zieht bekanntlich auch an. Eines Tages nun gab er Tanz und Spiel in seinem Hause, zu dem sich viele und vornehme Gäste aus den obigen Ortschaften einfanden. Als der Reigen im vollen Zuge war und der Einkorn von Geigen und Flöten wiederhallte, wurde Cuornle plötzlich hinausgerufen: es läge unter einer nahen Eiche ein prächtiger Edelhirsch, dem Verenden nahe. Cuornle ging und mit ihm einige Andere vom Handwerk. Am Platze angelangt fanden sie den Hirsch nicht, wohl aber den Boden und das Gebüsch umher zerstampft und zerwühlt. Nun hieß Cuornle die Anderen zurückbleiben: er wolle den Hirsch, der sich nur ins Buschwerk zurückgezogen haben könne, allein suchen. Plötzlich hörten die Männer ein Ringen und ein ohrenzerreißendes Hülfsgeschrei und als sie herzueilten, fanden sie eine große Lache Blut, aber weder Hirsch noch Jäger-Cuornle mehr. Seine Zeit war um gewesen, und entweder hatte er sie ganz vergessen gehabt, oder seine Angst betäuben, oder den Teufel durch irgend eine List hinauszuziehen und um seine Seele zu betrügen gesucht; der aber weiß Zeit und Stunde besser, und gehet umher, wie ein brüllender Löwe, zu suchen, wen er verschlinge. Seitdem jagt der Cuornle oft nächtlich durch den Forst und führt die benachbarten Jäger, welche Wilderer in ihm vermuthen, irre, mit manchen Bauern dagegen scheint er sich gut zu verstehen, und ihre Büchsen zu laden und zu richten. Wie er sich mit Rehberger, der dasselbe Revier hat, verträgt, ist nicht anzugeben. Es scheint aber, daß sie gute Kameradschaft halten, denn alle Geister, die den Menschen irre leiten, sind verschworen."

Das Fischachtal gehörte zum größten Teil zu den Stiftungsgütern des 1089 von den Grafen von Komburg gegründeten Klosters, die hier begütert waren. Mit der „villa Viscaha", welche sie 1090 dem Kloster schenkten, ist eines der drei Dörfer mit dem Namen Fischach gemeint. Später waren in Mittelfischach unter hohenlohischer Lehenshoheit Haller Bürger begütert. Ab 1376 erwarben die Schenken von Limpurg Güter und hatten im 18. Jahrhundert den größten Besitz vor dem Kloster Komburg. 1806 fiel Fischach an Württemberg und gehörte zum Oberamt Gaildorf, seit 1938 zum Kreis Schwäbisch Hall.

Der Kreis Schwäbisch Hall, 1976

Herlebach

Nur wenige Kilometer von Hall und Sulzdorf entfernt beginnt hier eine liebliche, abwechslungsreiche Landschaft, die den Stress und den Lärm der Stadt vergessen macht. Herlebach hat vor allem in den 1980er Jahren davon profitiert, dass immer mehr Menschen zwar auf dem ruhigen Land, aber doch in der Nähe der Stadt sein wollten.

Kurz oberhalb des Weilers tritt die Alte Fischach aus dem Wald und schlängelt sich in weiten Mäandern erlengesäumt durch feuchte Wiesen. Doch schon bald hat der

Die St. Kilianskirche beherrscht auch heute noch Oberfischach.

Mensch den Lauf des einst fischreichen Wassers in ein schnurgerades, enges und tief liegendes Korsett gepresst. Wer den Lauf der Alten Fischach zur Fischach an einem sonnigen Sommertag aus dem Wald heraus begleitet, dem wird auffallen, dass die blauen Prachtlibellen, die ihn bisher begleiteten, abrupt fehlen.

Ihren sprichwörtlichen Fischreichtum hat die Fischach mit dem Ausbau eingebüßt, er lebt aber in Wappen und Namen fort. Am ehesten bekommt man einen Eindruck vom früheren Aussehen der Fischach, wenn man die Oberläufe von Wörnitz und Altmühl betrachtet. Vielleicht werden ja eines Tages die Räder der Zeit für die Fischach zurückgedreht; Biber und Fischotter könnten dann in ihren alten Lebensraum zurückkehren.

Mittelfischach

Die Kirche in Mittelfischach ist Johannes dem Täufer geweiht. Der Ort taucht daher 1371 auch als Johannes-Fischach auf. Die Kirche geht auf romanischen Ursprung zurück. Das Langhaus wurde 1595 erneuert und 1960 nach Abbruch durch einen modernen Sichtbetonbau ersetzt. Erhalten gebliebene Fresken aus dem 16. Jahrhundert wurden im Chor und über dem Altar in den Neubau integriert. Unterhalb des Dorfes auf der Flur Sauerbronnen war früher ein großer Quelltopf zu finden, dessen klares Wasser seine Tiefe erahnen ließ. Der Überlieferung zufolge soll einmal ein Wagen samt Kuh darin verschwunden sein. Auch dieses Kleinod der Natur wurde im Lauf der Zeit beseitigt.

Der Ort verfügt heute über eine gesunde Mischung aus Industrie, Handwerk und Landwirtschaft. Die Lage an der viel befahrenen Verbindungsstraße Obersontheim – Gaildorf begünstigt dies.

Oberfischach

Der Ort besitzt eine Kilianskirche und dürfte daher eine stöckenburgische Gründung sein. Es scheint auch die anderen Fischach-Dörfer bereits früh gegeben zu haben, denn 1383 wird der Ort St.-Kilians-Fischach genannt, wohl zur besseren Unterscheidung von Mittelfischach, das ebenfalls früh eine Kirche besaß. Die Kilianskirche brannte 1634 aus. Eine Besonderheit sind die mystischen Figuren aus romanischer Zeit, die unregelmäßig im Turm eingefügt sind. Der Taufstein stammt noch aus dem Jahr 1683. Der Turm wurde 1860 erhöht.

Noch 1762 erscheint der Ort auf einer Landkarte als Oberfischbach neben dem Fischbach.

Der Birnbaum trägt reiche Blüte. Im Hintergrund der Mühlhof.

Acker-Steinsame

Unterfischach

Die dritte und letzte der drei Fischach-Siedlungen ist die kleinste. Auch sie teilte die Besitzverhältnisse mit den anderen Orten im Tal und ist heute noch überwiegend landwirtschaftlich geprägt. Das Fischachtal ist hier durch zahlreiche Nebenbäche aus dem Süden aufgeweitet und wirkt dadurch freundlicher. Kleine Gehölzgruppen und zahlreiche Hecken beleben das Landschaftsbild und laden zu Spaziergängen ein. Vor allem die Hügelkette zwischen Fischach und Bühler hält dem Wanderer immer wieder überraschende Ausblicke und Fernsichten bereit.

Flurnamen wie Gumpenwiese und Altlachen zeugen auch hier von der einst sumpfigen Fischachaue.

Rätsel gibt die Flur Kappel zwischen Unterfischach und Weiler auf, da bisher keine schriftlichen Hinweise auf eine Kapelle oder ein Adelsgeschlecht in der Nähe gefunden wurden. Denkbar wäre eine Burg im Gewann Alter Stall, doch sind dazu keine Hinweise im Gelände sichtbar. Das gesamte Fischachtal ist – obwohl seit spätestens dem 11. Jahrhundert besiedelt – burgenfrei geblieben. Weder finden sich in der Überlieferung Hinweise, noch ließ sich ein Ortsadelsgeschlecht im Schrifttum ausfindig machen.

Das Fischachtal

Durch die von Natur aus mageren Keuperböden wird im Fischachtal von alters her überwiegend Grünland und Getreide angebaut. Mag es daran liegen, dass auf den nährstoffarmen Böden das Unkraut weniger üppig sprießt und daher weniger gespritzt wird, mag es an der Umsicht der Fischachtaler Bauern liegen; auffällig sind jedenfalls die hier noch zahlreich zu entdeckenden Ackerwildkräuter, die anders-

Klatschmohn, Acker-Rittersporn

wo längst der Produktionssteigerung geopfert wurden.

Das Blau der Kornblumen leuchtet hier und da, seltener das Tiefpurpur der Kornrade. Am Ackerrand finden wir häufig Klatschmohn und Acker-Rittersporn, entlang des Weges das rot oder gelb blühende Adonisröschen. Weniger auffallend ist der weiß blühende Acker-Steinsame. Im Mai erscheinen auf noch kahlen Flächen von weitem wie Rauch aussehende Gewächse: es ist der Erdrauch, ein zartes Mohngewächs mit heilenden Inhaltsstoffen.

Weiche Hügel und reich strukturierte Kulturlandschaft prägen das untere Fischachtal.

Tannenburg

Die Burg gehört durch ihre gute Erhaltung, ihre geschickte und sehr wehrhafte Anlage und ihre gediegene Bauart zu den hervorragenden unseres Landes und bietet aus ihren Fenstern und von den Thürmen ringshin prächtige Aussichten. In ihrer Nähe selbst stehen schöne Baumgruppen und lassen das Bild dieser Veste noch anmuthiger erscheinen.

Oberamtsbeschreibung Ellwangen, 1886

Die Tannenburg entsteht vermutlich Anfang des 13. Jahrhunderts als Ellwangische Bastion und Vorposten gegen die vordringenden Schenken zu Limpurg, deren Herrschaftsgebiet zumindest zu dieser Zeit noch hier endet. So sind ab 1220 Herren von Thannenburg urkundlich erwähnt. Die Erwähnungen lassen den Schluss zu, dass es sich nicht um irgendeinen kleineren Adel gehandelt hat, da zum Beispiel 1234 der Magister Walter von Thannenburg, Würzburger Kanoniker und Archidiakon, für König Heinrich VII. als Abgesandter nach Mailand geschickt wurde. Dessen Neffe Wernher von Thannenburg und ein Philipp von Thannenburg sind im ausgehenden 13. Jahrhundert ebenfalls Domherren in Würzburg.

Mit dem Untergang der Staufer und der anschließenden kaiserlosen Zeit werden auch die Herren von Thannenburg seltener genannt. Ein Ortsadel, von Thann, taucht im 14. Jahrhundert auf. Die Vogtei der Burg ist in wechselndem Besitz, unter anderen gehört sie Hans von Vellberg d. J. (1394), Hans von Kottspiel (1409), Konrad von Klingenfels (1429). Im Jahre 1431 wird das Schloss Sitz eines eigenen ellwangischen Oberamtes. Zur Burg gehörten riesige Ländereien mit dutzenden von Weilern. Im Jahr 1793 wurden die meisten Güter jedoch an die Untertanen verkauft, nach Aufhebung des Amtes Thannenburg wurde für die Instandhaltung der Burg nichts mehr getan, sie zerfiel. Das Schultheißenamt Bühlertann berichtet im Jahr 1819 darüber, dass aus dem baufällig gewordenen Schloss alles gestohlen würde: Öfen, Türen, Fenster, selbst Dachplatten. So wird das Schloss 1821 mitsamt der übrig gebliebenen Güter um 3100 Gulden verkauft. Der Käufer macht sich sofort

Auch im Winter ein lohnendes Ziel: die Tannenburg.

an die Renovierung und seine Erben kaufen nach und nach die zur Burg gehörenden Gebäude und Güter auf, bis alles wieder fast komplett ist.

„Schlüsseljungfer"

In der Tannenburg geht ein weißes Fräulein um, das einen großen Schlüsselbund am Arm trägt. Aber auch außerhalb der Burg wurde sie schon gesehen. Sie geht schnell an den Leuten vorüber, ist aber noch nie jenseits des Dambachs gesehen worden. Sie ist als Braut gekleidet, hat einen Kranz oder ein Band um den Kopf und wird darum auch Kränzlesjungfer, Brautjungfer oder Hochzeitsmadle genannt.

Sie soll eine Liebschaft mit zwei Männern gehabt haben, die ihretwegen in Streit gerieten, der für einen tödlich endete. Wegen dieser Schuld muss sie umhergehen und treibt allerhand Spuk.

So soll sie mehreren Knaben, die unter einer großen Eiche bei der Tannenburg spielten, als dreibeiniger Hase erschienen sein.

Die Buben spielten gerade das makabere Spiel des „Hängens", erschraken sich bei dem Anblick des dreibeinigen Hasen und liefen davon, ihren Kameraden aber ließen sie an der Eiche baumeln. Die Eiche wurde daraufhin Bubeneiche genannt und später umgehauen.

Noch heute beherrscht die Tannenburg das Bühlertal.

Bühlertann

Der freundliche Ort (...) war vor Zeiten durch Wall und Wassergraben, von denen noch ziemliche Spuren erhalten, und durch feste Thore geschirmt. Noch geht die Sage, Bühlertann sei früher größer gewesen und habe Stadt Schwarzenburg geheißen.

O.A.Beschreibung Ellwangen, 1886

Als größte Siedlung an der Grenze zwischen den Ländereien des Klosters Ellwangen und der Schenken von Limpurg kam Bühlertann – erst auch Tann an der Bühler – schon früh einige Bedeutung zu. Urkundlich zuerst 1228 erwähnt, hier aber schon mit einem freien Markt ausgestattet, ist der Ort vermutlich wesentlich älter. Die günstige Lage an der Salzstraße nach Ulm führte durch Zolleinnahmen und Gastronomie früh zu einem gewissen Reichtum der Tanner Bürger.

Das zu dieser Zeit wärmere Klima in unseren Breiten begünstigte auch hier den Weinbau, von dem noch die Flurbezeichnung „In den Weinbergen" nordöstlich des Ortes übrig geblieben ist. 1337 sind unter anderem eine Badstube, 236 Morgen Steueräcker und 91 Hofstätten im Bühlertanner Besitz. Neben dem Sitz des Hochgerichts war Bühlertann im Recht der Zollerhebung und hatte eine eigene Verwaltung von Maß und Gewicht. Dies war im Ellwanger Gebiet sonst nur der Stadt Ellwangen erlaubt. Nach 1398 kam noch das Geleitrecht in Richtung Hall dazu und 1431 folgte der Sitz eines fürstpröbstlich-ellwangischen Oberamtes auf der Tannenburg.

Der Wohlstand der Bürger führte schon 1478 zum Bau eines Tanzhauses. 1510 wurde der Stadt das eigene Wappen verliehen. Die Reformation ging ohne Veränderungen an den Bühlertannern vorüber.

Zu Beginn des 30-jährigen Krieges stellten sich die Bühlertanner erfolgreich den schwedischen Truppen von Hall nach Ellwangen entgegen. Doch in den Kriegsjahren 1634 und 1635 raffte die schwarze Pest mehr als die Hälfte der Bevölkerung dahin.

Kirche und Gasthaus vis-a-vis.

Durch den Krieg zusätzlich geschwächt, fehlten Arbeitskräfte, das Land konnte nicht mehr genügend bebaut werden und in der Folge verkam die stolze Stadt allmählich. Die St. Georgskirche wurde als Getreidespeicher benutzt und die Chronik berichtet, der Messner unterrichte die Schüler mehr schlecht als recht.

1886 bestanden eine Ziegelei, 5 Getreidemühlen, 4 Sägmühlen sowie 5 Schildwirtschaften, davon 3 mit Bierbrauereien.

Bis 1945 teilte Bühlertann das Schicksal vieler ländlicher Gemeinden. Mit dem Bau eines Küchenmöbelwerkes begann die Umkehr dieser Entwicklung, und Bühlertann prosperierte wieder zu alter Stärke.

Bühlertann? wo liegt das Dörfle?
I woiß guat, i kenn mi aus.
Weg ond Steg ond jedes Küirvle,
denn i stamm vom Dörfle raus.

Ois steht fest, es liegt im Täle
östlich von d'r Kreisstadt Hall.
Do kommsch na, do kasch net fehla,
mitte dren em Bühlertal.

Südlich dann, von Obersontheim,
nördlich grad von Bühlerzell,
Crailsheim liegt für Tann em Osta,
do goat d'Suonn auf, do wird's hell.

Rings oms Dorf die viele Flecka:
Kottspiel, Halda, d'Avemühl,
d'Tanneburg kasch net verschtecka,
do guksch nauf, des hosch eim G'fühl.

Dann Fronrot ond Vetterhöfe,
älles Bühlertanner reich.
Hettensberg ond's Berghaus oba,
Heuhof, Blashof, Himmelreich.

Ober-, Unter-, Mittelfischach,
Geifertshofa, au net weit,
Sontheim, Ummahofa, Vellberg,
lauter nette Nachbarsleut.

Östlich 's Jagsttal, westlich Kocher,
d'Autobahn isch gar net weit,
will m'r d'Kocherdalbrück fenda
brauchsch grad 30 Minuta Zeit.

Außarom dia größere Orte:
Crailsheim, Ellwang', Aala, Gmünd.
Schöne Gegend, nette Städtle,
Kreisstadt Hall ond Gaildorf,
Gschwend.

Bühlertann liegt mittadrenna,
sauber g'richt, schmuck ond schea,
sei's von außa, sei's von enna,
freusch de dra, was will m'r mea.

Marie Stegmaier

Der Konkurs des Unternehmens Ende der 1970er bot Chancen, die von den damaligen Stadtvätern genutzt wurden. Die Firma Kärcher übernahm das brachliegende Areal und expandiert bis heute bis ins benachbarte Obersontheim und ist Garant für hunderte Arbeitsplätze.

Kirche St. Georg
Die heutige St. Georgs-Kirche ist das dritte Bauwerk auf diesem Platz. Schon 1285 wird in Bühlertann eine Kirche erwähnt. Durch den 30-jährigen Krieg und die Pest wurde Bühlertann ausgezehrt. In der Folge verfiel das Gotteshaus zusehends, wurde zwar 1661 instand gesetzt, doch war dies nur halbherzig geschehen. Von 1765 bis 1767 wurde an derselben Stelle eine neue Kirche gebaut, von der noch der oben achteckig auslaufende Turm stammt. Diese überdauerte kein Jahrhundert und wurde 1860 ersetzt. In einfachem Rundbogenstil und mit einem lichten, breiten Kirchenschiff wurde die heutige Kirche nach Plänen des Stuttgarter Assessors Bok gebaut und am 10. Juli 1865 durch Bischof Josef von Lipp eingeweiht. Die Glocken des Turmes stammen aus dem ausgehenden 16. Jahrhundert.

Gangolf-Kapelle
Am Friedhof, auf den wie vor über hundert Jahren noch immer die Tannenburg blickt, steht die den Heiligen Gangolf, Leonhard und Ottilia geweihte Gangolf-Kapelle. Sie wurde ca. 1500 an den seit dem 13. Jahrhundert bestehenden Turm angebaut und stand damals neben dem Stadttor in der Befestigungsanlage der Stadt. St. Gangolf ist ein Quellenheiliger mit auffallender Ähnlichkeit zu Siegfried aus der Nibelungensage. Gangolf hat in Deutschland nur noch zwei weitere

Das Taufbecken von St. Georg im bunten Licht der Kirchenfenster.

Kapellen. Im Turm hängt eine 1496 gegossene Glocke.

Auf der modernen Bühlerbrücke hält noch heute der 1766 gefertigte Hl. Nepomuk Wache und achtet darauf, dass seine Schutzbefohlenen sicher die andere Bühlerseite erreichen.

Fronrot
Der Bühlertanner Ortsteil wird 1337 erstmals urkundlich erwähnt und liegt auf der Höhe Richtung Ellwangen. 1782 bekam der Ort eine Kapelle zur Schmerzhaften Mutter Gottes, sie wurde allerdings bereits 1975 abgerissen und durch einen modernen Kirchenbau am linken Ortseingang ersetzt. Der Name Fronrot geht vermutlich auf das althochdeutsche „frono" – herrschaftlich/öffentlich (z.B. in Frondienst) – zurück und beschreibt eine herrschaftliche Rodung, die wahrscheinlich vom Kloster Ellwangen veranlasst wurde.

Hettensberg
Ebenfalls im Jahre 1337 erstmals in den Schriften aufgetaucht, liegt Hettensberg abseits der Fernstraße an der Quelle des Hettensbaches. Auch hier ist die ehemalige Rodungsinsel noch klar zu erkennen. Der ursprüngliche Lebensunterhalt der

Hettensberger ist in den Flurnamen lebendig geblieben. Es finden sich unter anderen Heide, Große Heide und Schäfer. Heute sind diese Flächen Ertragswald und Ackerboden. Im frühen Mittelalter wurde hier überwiegend Vieh – Schafe und Schweine – gehütet. Erst die „moderne" Landwirtschaft ihrem Dünger (dem Mist, der vordem achtlos weggekippt wurde) brachte auf den sich schnell erschöpfenden Waldböden den gewünschten Ertrag.

Halden
Der kleine Ort Halden gehört zur Burg Tannenburg und ist mit dieser von alters her verbunden. So steht auch die Haldener Kapelle im Schlosshof der Tannenburg. Sie ist der Schutzheiligen Maria Magdalena geweiht und wurde erst kürzlich liebevoll restauriert. Halden ist in den letzten Jahren zu einem beliebten Wohnort geworden, der eine ruhige Lage am Busen der Natur mit der heute gewünschten Nähe zu einem guten Straßennetz verbindet.

Vetterhöfe
Idyllisch liegt der kleine Weiler auf dem Bergrücken zwischen Dammbach und Nesselbach. Die Idylle wird durch den benachbarten Hof

mit Namen Himmelreich aufs Schönste ergänzt. Seit dem Jahre 1407 bestand hier über Jahrhunderte hinweg eine ellwangische Schäferei. Die berühmte Bühlertanner Motocross-Strecke nahm in einer Wacholderheide zwischen Vetterhöfe und Bühlertann im Dammbachtal ihren Anfang, bis sie in ein ehemaliges Steinbruchgelände direkt vor den Toren des Ortes verlegt wurde.

Wer nach Vetterhöfe möchte, muss durch das Wohngebiet Fallhaus. Dieser Name erinnert wohl daran, dass hier auf dem Berg der Fallturm gestanden hat, über den die Bühlertanner den Verkehr von und nach Ellwangen überwachen sowie Wegezoll einnehmen konnten. So ist zu vermuten, dass die alte Straße nach Ellwangen nicht dem Lauf der heutigen Landesstraße folgte, sondern hier über den Bergrücken nach Fronrot führte. Der Aufstieg war vermutlich weniger beschwerlich und man sparte sich das sumpfige Stück in der Dammbach-Aue.

am 30. Juli 1990 ein Bühlertanner Original für immer gegangen.

Beklagt hat sie sich nie über ihr Schicksal. Sie steckte selbstverständlich ein bisschen zurück, damit ihr Bruder studieren konnte, half in der Wirtschaft ihrer Schwester mit und kümmerte sich um die Kinder, als die Schwester früh verstarb. Sie war die gute Seele des Ortes und die gute Seele der Wirtschaft, schickte die Leute heim, wenn sie der Ansicht war, dass sie „genug" hatten. Man ging nicht in eine Wirtschaft, man kam zur Marie und war dort gut aufgehoben. Berühmt waren ihre 5-Minuten-Nickerchen bei den Gästen am Tisch. Denn zum Schlafen hatte Marie wenig Zeit.

Wenn die Wirtschaft um ein Uhr zugemacht wurde, mussten noch Gläser gespült und die Gaststube aufgeräumt werden. Und um drei Uhr mussten die Bäcker geweckt werden. Damit sie nicht einschlief, verbrachte sie die Zeit zwischendurch mit dem Gedichte-Schreiben, alles auf Schmierzetteln, verstaut

Der hl. Nepumuk bewacht in Form eines Standbildes aus der Renaissance die Bühlerbrücke in Bühlertann.

Einmal wurde sie auch in die Bütt der Bühlertanner Prunksitzung gebeten, was ihr nicht ganz genehm war. Aber sie hat es trotzdem gemacht. Was dabei herauskam, ist rechts zu lesen.

Fastnacht

In Bühlertann hat die „5. Jahreszeit" eine uralte Tradition. Der Fastnachtsumzug, der jedes Jahr am Fastnachtssonntag stattfindet, zieht sich stundenlang durch den Ort. An die jedes Jahr speziell gestalteten und auf aktuelle Themen eingehenden Motiv-Wagen haben die jährlich 10–15.000 Besucher hohe Erwartungen. Die Motive werden bis zuletzt geheim gehalten, nur ein verschwörerischer kleiner Kreis darf an den Wagen arbeiten.

Die Prunksitzungen der Bühlertanner haben hierzulande denselben Stellenwert wie die Mainzer am Rhein. Kein „Großkopfeter" kann es sich leisten, hier nicht genannt zu werden – ob im Guten oder Schlechten.

In Bühlertann entstanden neue Wohngebiete.

d' Hausmanns Marie

Wie bekommt man den Haushalt, eine Wirtschaft, eine Bäckerei und einen Kaufladen unter einen Hut, und kann dann noch Muße finden, Mundart-Gedichte zu schreiben?

Von Maria Stegmaier hätte man es erfahren können, doch mit ihr ist

in der Schublade. Sie hat sich Gedanken gemacht über dies und das und es zu Papier gebracht.

Die Tanner gaben auch Gedichte zu festlichen Anlässen in Auftrag bei ihr. Ein paar Stichworte reichten, und sie hat daraus die schönsten Gedichte und Verse gestrickt.

Willkomma heut', ob alt ob jong,
willkomma, Weiber – Männer,
ond feirat Fastnacht voller Schwong,
en dem Fach send mir Kenner.

Die Fastnachtszeit in Bühlertann
des isch a g'wachsene Sache,
die kommt direkt von enna raus,
isch Tradition, koi Mache.

Drom g'hört scho fascht zom Kirchajohr
die Sitzung in der Halle,
heit hoißt Parole: Spaß – Humor,
macht mit ond send koi Dralle!

I fühl' mi zwor net pudelwohl,
net frei ond au net ledig.
In dem verflixta Narrafaß
isch des mei ersta Predigt.

Doch ruf i auf, ob groß ob kloi,
ob nudeldick, ob mager,
ob päärlesweis, ob ganz alloi,
heit isch d'r Spaß d'r Schlager.

Ond machet au a freindlich's G'sicht,
no isch scho manches g'wonna,
vergesset euer Überg'wicht,
no scheint viel heller d'Sonna.

Humor ond Witz, Tanz ond Musik
soll euch dia Zeit vertreiba,
wem's g'fällt, der ka e jedem Fall
bis morga hocke bleiba.

Bei ons isch no a heile Welt,
mir schaffet, zahlet Steura,
ond unsre hohe Obrigkeit
tuat gera mit ons feira.

Herr Bürgermeister – Pfarrer Belz,
dia hent scho manchen g'schockt,
des Johr beim Festzug send dia zwoi
auf' ma Elefanta g'hockt!

Wenn Kirch ond's Rathaus z'sammastemmt,
des isch für d'Leut am besta,
m'r nemmt mitnander 's Gschäft end Händ
ond duat mitnander feschta.

Drom hebt das Glas auf d'Fasenacht,
auf älle Fasnachtsbutza,
en Tusch, ond ja koi G'sicht na g'macht,
des ka i net verbutza!

Doch jetzt geht's los, ihr liabe Leut',
's wird net lang g'fackelt, g'munkelt,
denn Trompf isch die Gemütlichkeit,
s'wird no so batscht ond gschonkelt.

Narri – Narro!

Marie Stegmaier

Die St. Gangolfs-Kapelle am Bühlertanner Friedhof (oben) war früher Teil der Stadtbefestigung. Der Turm ist der älteste Teil der Kirche. Er stammt noch aus dem 13. Jahrhundert. Die darin befestigte Glocke (unten) trägt das Jahr 1496 und ist eine der ältesten im Land.

Obersontheim

Die Franken gründeten von der königlichen Stöckenburg aus im 6. oder 7. Jahrhundert auch Südheim, wie der Orientierungsname erst lautete oder hätte lauten sollen. Er ist frühestens 1002 mit Suntheim urkundlich fassbar, unklar bleibt zunächst, welches der beiden heutigen Sontheims gemeint ist. Da Obersontheim zumindest kirchlich lange Zeit Filiale von Untersontheim war, kann man annehmen, dass mit Letzterem das eigentliche Sontheim gemeint ist.

Die erste urkundliche Erwähnung Suntheims als zwei getrennte Orte findet sich im Lehensbuch des Kraft von Hohenlohe 1345–1350, wo zwischen Obern Suntheim und Nydern Suntheim unterschieden wird. Möglich, dass eine Gründung des Ortes Obersontheim erst ins 13. Jahrhundert fällt, da frühere Quellen nur von einem Suntheim Zeugnis geben. Obersontheim gehörte wohl zum Rittersitz derer von Suntheim, wobei nicht geklärt werden kann, ob diese hier oder in Untersontheim gesessen haben.

Über den Erbweg kamen dann die Crailsheim in den Besitz des Ortes. Jörg von Crailsheim verkauft 1475 Schloss und Behausung zu *„Suntheim an der Bühler gelegen"* an Schenk Wilhelm II. von Limpurg um 1400 Gulden. Für den gleichen Preis ersteht Schenk Wilhelm II. zwei Jahre später die Herrenmühle von Anna Gayer, Heinrich Berlers Witwe. In den Jahren 1477 bis 1583 kaufen die Schenken nach und nach Besitzungen auf, bis ihnen der gesamte Ort gehört. Allerdings müssen sie sich die Ganerbenrechte am Ort mit Ellwangen, Brandenburg, Hall, Vellberg, dem Haller Spital und dem Haller Bürger Hermann Büschler teilen. Gemeinsam geben sie 1538 Obersontheim die erste Gemeindeordnung.

Die bühlernahen Häuser in Obersontheim bekommen schnell „nasse Füße"

Im Jahr 1541 verkaufen die Schenken ihren Stammsitz Burg Limpurg um 45.700 Gulden an die Stadt Hall und bauen in Obersontheim ihren neuen Stammsitz auf. In den Jahren 1541 bis 1543 entsteht der heutige Ostflügel des neuen Schlosses. Obersontheim wird Residenzstadt, aber die Schenken denken nicht nur an sich. Für das mitverkaufte Spital in Unterlimpurg lässt Schenk Erasmus in Obersont-

Die 1585/86 erbaute evangelische Pfarrkirche in Renaissance-Gotik.

Das 1595/96 errichtete Rathaus wurde 1994 grundlegend renoviert und ist nun wieder schmucker Ortsmittelpunkt.

heim ein neues Spital bauen. Dieses besteht bis 1950 als Unterkunft für arme, kranke und in Not geratene Menschen. Unter der Regentschaft von Schenk Friedrich VII. blüht Obersontheim auf. Am 20. Januar 1563 gewährt Kaiser Ferdinand das Recht für zwei Jahrmärkte. Sie finden an St. Urban (25. Mai) und an St. Egidius (1. September) statt. 1578 können die Schenken alle kirchlichen Rechte für Obersontheim gewinnen. Sie wechseln dabei die Pfarrei Bühlertann mit Ellwangen. Bereits ein Jahr später wird das evangelische Pfarrhaus erbaut, 1585 ist Grundsteinlegung für die Pfarrkirche. Nach deren Fertigstellung wird vermutlich die bereits 1448 erwähnte St. Cyriakus-Kapelle abgebrochen. An ihrer statt wird eine Dorflinde als neues Zentrum des Ortes gepflanzt. Von 1592 an wird das Schloss mit Westflügel und Verbindungsbau auf den heutigen Umfang erweitert, 1595 beginnt der Bau des Amtshauses, heute Rathaus. Am 29. Januar 1596 stirbt Schenk Friedrich VII. und wird als erster Herrscher in der Obersontheimer Kirche beigesetzt. Bis dahin waren erst das Kloster Lichtenstern bei Löwenstein, danach die Komburg Grablege der Limpurg.

Um das Jahr 1600 erhält Obersontheim ein Schulhaus, das gleichzeitig Wohnhaus für den Diakon und den Kantor ist. Es wird später als Schubart-Geburtshaus bekannt werden. 1613 wird Obersontheim Sitz der Superintendentur für die Herrschaft Limpurg-Sontheim. Sämtliche Kirchen und Schulen werden nun von hier aus beaufsichtigt. Im Jahr 1618 bekommt Obersontheim einen eigenen Friedhof und die Kirche eine Orgel. Im Streit mit der Stadt Hall über die Pfarr-Rechte setzte diese durch, dass die Toten aus Obersontheim noch bis 1656 in Untersontheim zu begraben waren. Während des 30-jährigen Krieges kommt es 1634 zu Plünderungen von Schloss und Kirche, Bürger und Herrschaft fliehen nach Hall. Die Pest geht an Obersontheim vorüber, durch Abwanderungen schwindet die Obersontheimer Bevölkerung jedoch um etwa ein Viertel. Gegen Ende des Krieges ist Obersontheim größtenteils zerstört, die Felder liegen brach. Die verbliebene Bevölkerung leidet Hunger, die Herrschaft ist bis auf das Hemd ausgeplündert. Im Jahre 1676 stirbt mit Schenk Heinrich Kasimir die Obersontheimer Linie der Limpurger aus. Die Herrschaft geht auf Schenk Vollrath über, einen Urenkel Friedrichs VII. Dieser verlegt erst 1692 seinen Sitz vom Rande des Steigerwaldes nach Obersontheim. Doch bereits 1690 wird er als Graf Vollrath von Limpurg in den königlichen Krönungsakten erwähnt. Es ist das letzte Mal, dass ein Limpurger den königlichen Schenkendienst ausführt. Unter Graf Vollrath erlebt Obersontheim eine zweite, kurze Blütezeit. Als eine der Ersten eröffnen die Schenken um 1700 ein Waisenhaus, das bereits 1705 erweitert wurde. Mit Graf Vollrath sterben die Schenken von Limpurg am 19. August 1713 im Mannesstamm aus. Vier Tage später trifft ein preußischer Geheimrat in Obersontheim ein und meldet den Anspruch des Königs von Preußen auf die limpurgischen Lande an. Im Dezember gar marschieren preußische Soldaten ein. Auf Drängen des Kaisers Karl VI. ziehen sie wieder ab, Rechtsunsicherheit besteht aber bis 1748. Im Jahre 1806 fällt Obersontheim an Württemberg, Schloss und Ort gehen nun getrennte Wege. Das Schloss kommt nach einigen Besitzern 1903 an die Samariterstiftung.

Das Mausohr

das mausohr liebt die kolonie
und ist alleine darum nie

nur dicht gedrängt ist es vergnügt
wo andern freier platz genügt

auch beim jagen unterm himmel
behält es seinen massen-fimmel

essen, schlafen, kinder kriegen
hängen, krabbeln und auch fliegen

das mausohr liebt die kolonie
und ist alleine darum nie

eng umschlungen mit verwandten
solchen, die sich freunde nannten

in guten und in schlechten zeiten
lachend über volksweisheiten

leben im familienkreise
das mausohr hälts für weise.

Im Dachstuhl des Ostflügels wohnen den Sommer über 500–600 Mausohrweibchen, die hier jedes Jahr ihre Jungen zur Welt bringen. Mausohren erreichen eine Flügelspannweite um 40 cm, ein Alter von 28 Jahren sowie ein Lebendgewicht von 45 Gramm. Dies ist die zweitgrößte Kolonie in unserer Region.

Das Schloss der Limpurg in Obersontheim mit Ostflügel (links) und Westflügel (rechts) und dem Verbindungsbau. Heute dient das Schloss als Seniorenstift.

Untersontheim

Auf einer Ortsburg saßen die Schwölbronn, Verwandte der Adelsheim. Später gingen die Schwöllbronn in die Hafner oder Hefner über, von denen nur die Flurbezeichnung „Häfnersteige" östlich von Obersontheim überliefert ist. Die Ortsburg stand vermutlich in der Nähe der heutigen Kirche. In einer Verkaufsurkunde aus dem Jahr 1361 wird ein Turm – vermutlich der Burgfried – erwähnt. Adelsgeschlecht und Burg sind wahrscheinlich bereits im 14. Jahrhundert verschwunden. Im Lehenbuch des Kraft von Hohenlohe ist zwischen 1345 und 1350 ein Dieter von Hohenstein als Lehenempfänger für die Güter in Nydern-Sundheim aufgeführt. Später müssen die Schrozberg in den Besitz dieser Güter gekommen sein, sie verkaufen jedenfalls 1425 ihre Untersontheimer Besitzungen an die Vellberg. Mit den Steinen der Burg wurde zumindest teilweise die Kirchmauer sowie ein kleines Gebäude, das daran anschließt, erbaut.

Die Kirche zu Allen Heiligen in Untersontheim war lange Zeit Pfarrei mit Pfarrhaus und Kirchhof, aber immer Filiale von Bühlertann und daher ellwangisch. Über einer zugemauerten Tür auf der Südseite des Schiffes befindet sich ein vermutlich romanisches Tympanon mit Sonnenscheibe, Mondsichel und lateinischem Kreuz. Um 1650 wird die Kirche als St. Franziskus-Kirche erwähnt. Die Ursprünge dürften bis weit in das 13. Jahrhundert zurückreichen.

Das Schicksal Untersontheims wurde 1541 besiegelt, als die Schenken von Limpurg ihre Stammburg an die Stadt Hall verkauften und ihren Sitz nach Obersontheim verlegten. In der Folge aber blieben die kirchlichen Rechte zwischen den vielen Besitzern strittig und es kam öfter zu Reibereien und sogar Handgreiflichkeiten zwischen ihnen. Sogar um Tote wurde gestritten. So ist in der Oberamtsbeschreibung Hall zu lesen:

„Im April 1670 kam sogar Schenk Heinrich Kasimir von Obersontheim hierher mit einigen Reitern vor das Haus eines hallischen Unterthanen, der zu todt gefallen war, und drohte dem anwesenden Vogte zu Vellberg, der Halls Rechte vertrat, ihn zu erschießen, wenn er die Hand an den Todten lege. Darauf ließ der Schenk den Kirchhof und die Kirche mit Gewalt öffnen, den Todten begraben und durch den Pfarrer von Mittelfischach eine Leichenrede halten. Nun ließ aber Hall durch den Stadtmajor und eine bewehrte Mannschaft die Leiche wieder ausgraben und am andern Tage sodann beerdigen. Welchen Erfolg die Klage Halls hierüber beim Reichskammergericht gegen die Schenken hatte, ist unbekannt."

Dass die Schenken auch Untersontheim nicht vernachlässigten, kann man an der seit mindestens 1618 nachweisbaren Schule ablesen.

Ummenhofen

Vermutlich als Versorgungsweiler für Suntheim bereits im 8. oder 9. Jahrhundert gegründet. Ackerbau war auf der Höhe nach Waldrodungen anfangs ertragreicher und weniger abhängig von Unwetterereignissen. Ein niederer Ortsadel ist ebenfalls für Ummenhofen bezeugt. Heinrich von Umehoven ist 1078 in einer Schenkungsurkunde des Adalbert von Bielriet erwähnt. Ummenhofen gehörte demnach ebenfalls früh zum bielrietschen Besitz. 1278 taucht noch ein Friedrich und 1396 ein Dietlen von Ummenhofen in den Archivalien auf.

Die Ortsburg stand vermutlich auf dem Bergrücken, der heute ganz vom Ort eingenommen wird. Spuren sind nicht erhalten. Steine der Burg sind teilweise noch in den Scheunenwänden zu sehen.

Burg Schwöllbronn (links) und Burg mit Ort Obersontheim (rechts) in einer historischen Abbildung des 17. Jahrhunderts.

Auf den mageren und trockenen Keuperhügeln gesellen sich die wärmeliebenden Arten. Das Konzert der unzähligen Feldgrillen tönt bis weit ins Bühlertal. Im Herbst kann man die Sichelschrecke (oben) beobachten, deren Weibchen mit den eigentümlich geformten "Krummsäbeln" ihre Eier ins Erdreich versenken. Im Frühjahr ruft die Gelbbauchunke (unten links) aus den Pfützen ihr klagendes „uh-uh-uh" und das feuerrote Adonisröschen (Mitte) erfreut am Feldrand das Auge des vorübergehenden Wanderers.

Vom 419,1 m hohen Hammersberg (rechts unten) schweift der Blick über das Bühlertal, Eschenau und Vellberg bis weit hinein in die Haller Ebene. Ein flüchtiger Hase hat seine Spuren (rechts) im nassen Schnee hinterlassen, von den allerletzten Sonnenstrahlen beleuchtet.

Eschenau

Konrad von Vellberg schenkte 1342 den Zins seines Gutes in Eschenau der Heiligenpflege der Stöckenburg und damit dem Ort die erste urkundliche Erwähnung.

Der Ort schmiegt sich noch heute in eine alte Bühlerschleife. Wohl erst im 14. Jahrhundert gegründet, prosperierte er dank seiner Mühlen schnell. Eine der Mühlen wird 1383 erstmals erwähnt. Den Mangel an ausreichend landwirtschaftlichen Flächen glichen die Bewohner mit handwerklichem Geschick aus. 1817 wird die Brücke über die Bühler erbaut, 1840 erneuert. Nach 1900 lag Eschenau im wahrsten Sinne des Wortes im Schatten Vellbergs, und obwohl zahlreiche Verbesserungen seitens der Gemeinde durchgeführt wurden, sank die Bevölkerungszahl von 120 auf 105. So wurde der Ort 1910 an das Telefonkabelnetz angeschlossen, zwei Jahre später folgte das elektrische Licht. Aber erst in jüngerer Zeit hat der Ort wieder Zuwachs in Form von neuen Häusern bekommen. Die Obere Mühle liefert heute Strom. Die seit mindestens 1847 bestehende Schildwirtschaft zur „Rose" lockt dank fantasievoller Kochkünste abseits des Mainstreams heute viele Menschen aus Nah und Fern nach Eschenau. Hier wartet der Gast aufs Essen, nicht anders herum.

Dr Miehle-Hans

Aus Eschenau stammt auch der weit über die Ortsgrenzen hinaus bekannte Mühlen-Hans. Im Jahre 1906 mit bürgerlichem Namen Henninger geboren, war er lange Zeit als Eschenauer Müller tätig. Mit seiner Schwester führte er noch nebenbei einen landwirtschaftlichen Betrieb. Wie das bei so genannten „Originalen" ist, werden sie vom Rest der Bevölkerung oft teils ehrfürchtig, teils mitleidig als „eigen" oder „schrullig" ausgegrenzt. Was den Mühlen-Hans von anderen unterschied, war sein Weg, den er unbeirrbar nach seinen eigenen Vorgaben ging. So konnte auch seine Landwirtschaft nicht „normal" sein. Lange bevor man hierzulande wusste, wie man biologisch-dynamisch buchstabiert, praktizierte der Mühlen-Hans – von vielen belächelt – einen integrierten Anbau ohne Schädlingsbekämpfungsmittel und mit der düngenden Kraft von ureigenstem Wurmkompost. Von seinen Tennessee-Wigglern (leistungsstarke Kompost-Regenwürmer) sprach er wie andere Bauern von ihren Kühen oder Schweinen. Ihn interessierte alles, was auf seinem Weg lag, eine Landwirtschaft zu führen, die die Natur nicht stört. So war er gern gesehener Gast bei Veranstaltungen des Haller NABU, auch wegen der vergnüglichen Stunden nach den Vorträgen im Wirtshaus. Von seinen Erfahrungen und vielfältigen Reisen in alle Herren Länder wusste er zu erzählen und von seiner Leidenschaft, der Fischerei.

Als echter Hohenloher hatte er auch einen schlitzohrigen Humor, den er nicht nur zum Lügenbeutelfest in Vellberg zum Besten gab.

1998 ging der Mühlen-Hans für immer in die Eschenauer Geschichte ein.

Oberhalb von Eschenau leitet der Mühlkanal einen Teil Bühlerwasser ab und lässt die Bühler dabei klein und friedlich aussehen. Doch 1789 richtete ein Hochwasser am Ort beträchtlichen Schaden an.

Hammweech

hiindrm Doorabuusch
gliabd dr Hiiml

s isch aanr
drwail fôraus
un hadd d Schdäära
farglaubd

är will dr no
da Mound
in Weech wärchla

hamm kummsch du
nimme

Dieter Wieland

Vellberg

375 Meter ü.d.M., 1140 Einwohner, im Oberamt Hall. Bahnstation ist Talheim an der Linie Stuttgart-Backnang-Hessental-Crailsheim und Heilbronn-Crailsheim.

Das malerische, mittelalterliche Städtchen – ein zweites Rothenburg – und das auf hohem Felsen liegende Schloß mit vorgeschobener Bastei, die Stadtmauer mit Wehrgängen, Toren und Türmen versetzen den Besucher um Jahrhunderte zurück. Die aus dem Anfang des 15. Jahrhunderts stammende spätgotische Kirche enthält einen reichgeschnitzten Altar, ein steinernes Kruzifix, und was ganz besonders hervorzuheben ist, ein Deckengemälde von Meister Albrecht Dürer.

Auch die Umgebung von Vellberg ist schön, denn der Ort hat eine bevorzugte Lage in dem Bühler Tal zwischen den Ellwanger und den Limpurger Bergen.

Auskunft erteilt das Schultheißenamt.

Das schöne Süddeutschland, um 1930

Man wundert sich, daß so seitab von der Welt so gewaltige Mauern und Türme heute noch ragen, so dick und so fugenlos, als ob die alten Grafen von Vellberg Riesen gewesen wären, die diese Mauern und Türme fügten. Von den verhältnismäßig wenigen Häusern des Städtchens sind die meisten schiefalte Fachwerkhäuser von einer malerischen Romantik, die den Besucher höchlich entzückt.

Rudolf Schlauch, Hohenlohe 1956

Die Vellberg traten von Anfang an als Dynasten auf. Ihr Wappen – weißer Flügel auf blauem Grund – weist sie als Verwandte der Mulachgau-Grafen von Flügelau aus. Ihre Burg etablierten sie im ausgehenden 11. Jahrhundert bewusst gegenüber der Stöcken-burg, die zu dieser Zeit bereits an Bedeutung verloren hatte. Erstmals erwähnt werden die Vellberg 1102.

Der Stadttorturm ist bis heute einzige Zufahrt des Vellberger Städtchens

Als Tochter des Königs Konrad III. wird im 12. Jahrhundert eine Ludmilla von Vellberg genannt. Im Eheverlöbnis des Sohnes von Staufer-Kaiser Friedrich Barbarossa wird das „castrum Wiliberch" erwähnt.

Dies dürfte der Höhepunkt in der Familiengeschichte der Vellberg gewesen sein. Im 13. Jahrhundert sanken die Vellberg in den Ministerialen-Stand ab, verloren ihren Besitz zusehends an die Hohenlohe, konnten aber bis 1429 Stück für Stück zurückerwerben. Zu dieser Zeit war die Burg eine Ganerbenburg. 1469 kauften die Vellberg die Herrschaft Werdeck. Eine erste Gemeindeordnung wurde mit dem Burgfrieden von 1481 gegeben. Kaiser Maximilian verlieh 1500 das Marktrecht für vier Märkte im Jahr. 1506 folgte die Verleihung der Blutgerichtsbarkeit, womit Vellberg quasi Stadtrecht erlangte.

Die Ritterschaft Vellberg war nun eine der größten und angesehensten in der Region, was den Schwäbischen Bund allerdings nicht daran hinderte, am 11. Juni 1523 das Schloss zu zerstören. Wilhelm von Vellberg war in Ungnade gefallen, weil er den gesuchten Thomas von Absberg auf seinem Schloss beherbergt hatte. Gegen eine Strafzahlung von 100 Gulden wurde den Vellberg der Wiederaufbau erlaubt. So ließ Wolf von Vellberg das Schloss in seiner heutigen Form zwischen 1543 und 1546 im Renaissance-Stil erbauen.

Die Familie der Vellberg war zu dieser Zeit zweigeteilt – in die Linie Vellberg und die Linie Leofels. Der letzte Ritter – Konrad von Vellberg – konnte alle Besitztümer der Vellberg vereinigen und so flächenmäßig die größte Ausdehnung Vellbergs erreichen.

Mit seinem Tod 1592 starb das Geschlecht von Vellberg aus. Seine Erben verkauften 1595 das Städtchen um 128.000 Gulden an die Reichsstadt Hall, die das Schloss 1600 von den Hohenlohe dazu erwerben konnte. Über 200 Jahre wurde Vellberg von einem Amtsvogt unter hällischer Verwaltung geführt, bis es im Zuge der napoleonischen „Verwaltungsreform" 1802/03 an das Herzogtum Württemberg fiel.

Seit 1857 wird das Schloss als Rathaus benutzt, 1970 wurde ein Restaurant eingerichtet, später auch ein Hotel.

Die Schlosskapelle geht in Teilen bis in das 14. Jahrhundert zurück.

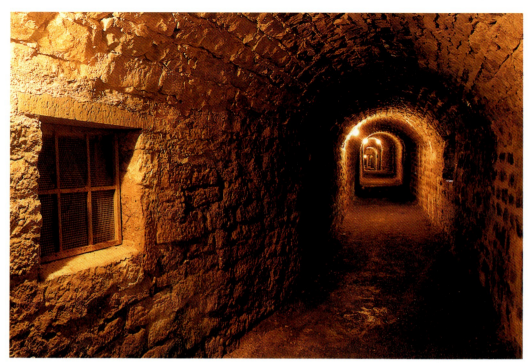

Vellberg ist eine der wenigen komplett erhaltenen mittelalterlichen Städte, in seiner Geschlossenheit jedoch einmalig. Es ist die einzige Stadt in Deutschland, deren Kirche nicht innerhalb der Stadtmauern liegt. Wer durch das Stadttor tritt, kann sich mit etwas Fantasie auf eine Zeitreise begeben und einen Zeitsprung über 500 Jahre zurück machen. Gleich am Stadttorturm liegt der Eingang zu den unterirdischen Wehrgängen (oben). Eine enge Treppe führt hinab in die mächtigen Mauern. Das Licht fällt durch enge Schießscharten in das Gewölbe. Im Winter sind Teile des Wehrgangs gesperrt – Hunderte von Fledermäusen haben dann den Wehrgang zu ihrem Schlafplatz auserkoren. Links herum führt der Gang zum Sixischen Turm, von dort kann man in den Burggraben absteigen und das dort gelegene Heimatmuseum besuchen. Unter der steinernen Brücke hindurch gelangt man zum Pulverturm, von hier aus geht es wieder hinauf in die Wehrgänge (rechts unten) und ins Städtle. Auch der Wellerturm an der Ecke bietet einen Aufgang an.

Den Marktplatz beherrscht das Alte Amtshaus (rechts oben) mit seinem roten Fachwerk und der bis unter die Zinnen gemauerten Brandmauer. Davor steht der Weinbrunnen, der am gleichnamigen Fest fast 5000 Liter Wein „spuckt". Daneben befindet sich der tiefe

Über eine Wendeltreppe gelangt man in die Schlosskapelle.

Stadtbrunnen mit seinem Kalksinterstein in der Mitte und den Goldfischen im Wasser, auf der Südseite der mit viel Akribie renovierte „Ochsen". Hinter dem Alten Amtshaus ragt das Obere Schloss wuchtig hervor, rechts daneben die Alte Kaserne. Klein und einsam steht das Waschhaus davor.

Nun geht es über den Grünen (linker Hand) und den Schloss-Graben (rechter Hand) über die steinerne Brücke zum Schloss.

Das Vellberger Wahrzeichen mit seinem weißen Treppengiebel ist heute Restaurant und Rathaus zugleich. Die zweite Tür führt zu einer Wendeltreppe und in die Schloss-Kapelle. Die ältesten Teile der Kapelle stammen noch aus dem 14. Jahrhundert. Im Restaurant kann man Seele und Gaumen verwöhnen. Weiter Richtung Osten kommt man über mehrere Treppen auf die Bastion. Halbrund fallen die Mauerseiten steil in das Bühlertal hinab. Im Sommer kreisen die Mauersegler

bei ihren schnellen Flügen um die Bastion. Sie haben in einigen Mauerlöchern ihre Brutplätze eingerichtet. Es ist faszinierend zuzuschauen, wie sie mit voller Geschwindigkeit in der Mauer verschwinden. Man hört nur das Rauschen der Federn im Wind und ein leises „Klack", dann sind sie den Blicken entzogen.

Von der Bastion hat man einen schönen Aus- und Rundblick auf das Bühlertal. Rechts unten liegt die Stadtmühle, links auf der Höhe der alte fränkische Königshof, die Stöckenburg mit der Martinskirche. Von hier kann man nun zum besteigbaren Kanonenturm gehen. Der stockdunkle und enge Gang im Turm vermittelt ein wenig ein Gefühl von Mittelalter.

Was für ein Treiben und Rennen hier wohl hindurch gegangen ist bei den Belagerungen oder Angriffen auf die Bastion Vellberg! Man hört förmlich das Waffengeklirre, Fußgetrappel und die Detonationen der Kanonen.

Nun kann man durch das Zwingertor hinaus aus dem Städtle gehen, um durch das Pömpelestor wieder auf den Marktplatz zu gelangen, oder man investiert noch eine Stunde und nimmt den Fußmarsch zur gegenüber auf einem Bühler-Umlaufberg thronenden Martinskirche auf sich.

Es lohnt sich.

Im Winter scheint durch das Geäst einer mächtigen Eiche die markante Silhouette Vellbergs hindurch. Die alten Fachwerkhäuser des mittelalterlichen Städtchens nehmen die verzweigten Astformen wieder auf (oben).

Der Vellberger Weinbrunnen mit den Köpfen des Trinkers, des Schlemmers und des Prassers. Die meiste Zeit im Jahr spucken sie Wasser, aber am Weinbrunnenfest fließen fast 5000 Liter Wein durch die Röhren in die Kehlen der Besucher.

Die Vellberger Veste in festlicher Illumination.

Die Vellberger haben Sinn für Tradition, was man nicht allein daran sieht, dass sie seit 1945 erst den zweiten Bürgermeister haben. Sie verstehen es auch, aus dieser Tradition heraus schöne Feste zu entwickeln.

Weinbrunnenfest

Die alljährliche Einfuhr des Weinzehntens stand Pate für das mit über 15.000 Besuchern größte Vellberger Fest an jedem ersten Juliwochenende. Geboren wurde das Fest – wie so oft bei genialen Dingen – aus einem Ulk, einer Wette heraus.

1967 wurde der Brunnenstock durch den Nürtinger Bildhauer Pfeifer renoviert und als er seine Arbeit getan hatte, fehlten ihm nur noch ein paar starke Männer, um das schwere Teil wieder auf seinen Platz zu stellen. Doch war es bereits später Nachmittag geworden und die städtischen Angestellten schauten ihrem verdienten Feierabend entgegen, als der Bildhauer mit einer entsprechenden Bitte zu Bürgermeister Frank kam. Immer auf das Wohl seiner Mitarbeiter bedacht, meinte der Bürgermeister, wenn der Steinmetz den Arbeitern die Glieder mit etwas Wein ölte, wären sie sicher zur außerdienstlichen Hilfe bereit. So kam es, dass man nach getaner Arbeit im Ochsen seinen Feierabendschoppen einnahm.

Es gesellten sich der Stadtpfleger, der gerade Kunde über seine Großvaterschaft erhalten hatte, samt einigen Stadträten hinzu, darunter auch Schlossermeister Bezler. Wie es der Wein manchmal so diktiert, sprach man viel und diskutierte heftig, bis Bürgermeister Frank den historischen Ausspruch zum Schlosser tat: „Wenn Sie ein Kerle sind, dann lassen Sie morgen aus dem Brunnen Wein laufen."

Der Schlosser machte sich noch in der Nacht Gedanken und am frühen Morgen schritt er zur Tat, denn 40 Flaschen Wein standen auf dem Spiel. Bezler legte eine Leitung aus Kupfer vom Brunnen bis in den ersten Stock des Ochsen, außen an der Wand entlang. In einen am Ende angebrachten Trichter konnte man bequem vom Fenster aus den Wein eingießen. Pünktlich zur abgemachten Zeit um 11:00 Uhr wurde der Bürgermeister geholt und der Brunnen seiner Bestimmung übergeben. Der Wein begann zu fließen. Die Kunde vom Weinbrunnen verbreitete sich schnell, und so war bereits um 14:00 Uhr eine jede der 40 Flaschen ihres Inhalts beraubt.

Lügenbeutelfest

Ebenfalls in feucht-fröhlicher Runde wurde 1968 ein weiteres Vellberger Fest geboren, das Lügenbeutelfest. Eigentlich wollte man bei einer Geburtstagsfeier zur fortgeschrittenen Stunde eine Bürgerinitiative zugunsten des Weinbrunnenfestes gründen, aber man vertagte sich auf den ersten April. Und an diesem Tag wurde dann das Fest der reduzierten Wahrheit geboren. Nun kann alljährlich jeder, der mit Dichtung und Wahrheit umgehen kann, an einem 1. April in Vellberg vor den Hohen Lügenrat treten, und seine Münchhausiaden zum Besten geben, Jägerlatein oder Seemannsgarn spinnen, oder gleich das Blaue vom Himmel lügen. Den originellsten Lügnern winken auf diesem in Deutschland einmaligen Fest Auszeichnungen wie der „Lügenbeutel am Bande" oder der „Ritter vom krummen Balken". Und das ist keine Lüge.

Christkindlesmarkt

Auf einer Vellberger Spitzfindigkeit beruht der Christkindlesmarkt. Nachdem die Märkte in Vellberg langsam eingeschlafen waren, besann man sich 1980 wieder auf die Tradition und ließ kurzerhand den bereits von Kaiser Maximilian um 1500 genehmigten Oktobermarkt in den Dezember verlegen. So findet nun alljährlich am 2. Wochenende im Dezember der Vellberger Weihnachtsmarkt statt, mit 100 Marktbeschickern, über 600 Geschenken für die anwesenden Kinder und tausenden von Besuchern. Im Waschhaus ist die Vellberger Stadtkrippe zu sehen.

Trödelmarkt

Der seit 1992 jährlich am ersten September-Samstag abgehaltene Trödelmarkt hat seinen Ursprung im Gemüse. 1988 etablierte die Stadtverwaltung einen samstäglichen Wochenmarkt, der jedoch nach vier Jahren von mangelndem Interesse und einem Supermarkt-Neubau geplagt wurde. Da man bereits während der Wochenmärkte ab und zu „getrödelt" hatte, münzte man den Lebensmittelmarkt kurzerhand in einen Antiquitätenmarkt um. Statt bäuerlicher Erzeugnisse nun allerlei Verstaubtes aus Scheune, Keller und Dachboden. Sammler aus weitem Umkreis erfreuen sich an der großen Auswahl und dem historischen Ambiente.

Stöckenburg

Die Stöckenburg mit ihrem charakteristischen Schattenriss.

Die Stöckenburg ist die Keimzelle der fränkischen Besiedlung unseres Raumes unter den Merowingern und Urkirche der Christianisierung. Lange vor den Franken kamen die Kelten während der Latène-Zeit wohl als Erste auf diesen Berg um zu siedeln. Sie wurden von den Alemannen abgelöst, die hier aber keine dauerhafte Siedlung halten konnten. Auf diesen vorgeschichtlich besiedelten Platz bauten die Franken um 500 einen Königshof.

Der fränkische Hausmeier Karlmann schenkt dem neu gegründeten Bistum Würzburg 25 Kirchen in ganz Süddeutschland, darunter auch die St. Martinskirche innerhalb der Stöckenburg. Diese Schenkung aus dem Jahr 741 wird in einer Urkunde Kaiser Ludwigs 823 bestätigt. Dies ist das älteste erhaltene schriftliche Zeugnis menschlicher Siedlung in unserem Raum.

Grabplatte des Hans Bartholomäus von Vellberg und seiner Gemahlin aus der Werkstatt von Sem Schlör.

Der Bergsporn nördlich der Stöckenburg heißt heute noch Lützelburg, was „kleine Burg" bedeutet. Adjektivische Namen werden zur Unterscheidung gegeben, daher kann man annehmen, dass eine gewisse Zeit lang hier zwei Burgen bestanden haben; eine primitive kleine, und die neuere Königsburg. Vielleicht war die namenlose kleine

Neben dem Pfarrhaus (rechts) steht noch ein schlossähnlicher Fachwerkbau auf der Stöckenburg.

Burg auch nur ein strategisch wichtiger Vorposten.

Von der Stöckenburg aus werden im 6. und 7. Jahrhundert in allen Himmelsrichtungen neue Siedlungen gegründet: Westheim im Westen als Sitz der Kochergau-Grafen, Onolzheim im Osten mit Burg Flügelau als Sitz der Mulachgau-Grafen, Suntheim im Süden und Münkheim im Norden, die Talsiedlung der Königsburg – Talheim – nicht zu vergessen. Der fränkische Königshof in Regenbach hat als Brückenort nach Würzburg wahrscheinlich schon bestanden, denn hier ist eine dreischiffige Basilika um das Jahr 800 nachgewiesen. Zu all diesen Siedlungen kommt man zu Fuß an einem Tag. Es entsteht eine Machtachse Würzburg – Stöckenburg. Schon bald entwickeln sich die Filialgründungen besser als die Keimzelle Stöckenburg.

Um 990 kaufen die Kochergaugrafen die Komburg oder Burg Kamberg aus Augsburger Besitz und bauen die Höhenburg zu ihrem neuen Verwaltungssitz aus. Die Komburg mit ihrer Nähe zur Salzstadt Hall wird Mittelpunkt in unserer Region. Eine neue Machtachse zwischen Rothenburg und Hall entsteht, die auch später noch zwischen den freien Reichsstädten bestehen wird. Die Stöckenburg selbst wird als Siedlungsplatz weiter benutzt, verliert aber gegenüber dem emporstrebenden Vellberg an Bedeutung. Nur die Kirche bleibt.

Die Martinskirche

Der heilige Martin von Tours ist der Lieblingsheilige der Franken. Er war ursprünglich ein tüchtiger Kriegsmann. Wohl aus dieser Zeit stammen auch die Martinskirchen in Michelbach/Bilz, Westheim, Ottendorf, Ruppertshofen, Buch/Rot am See und Roßfeld.

Der Chor der heutigen Martinskirche stammt von 1435, Turm und Langhaus wurden 1560 angebaut. Das Langhaus erhielt um 1800 eine Erweiterung.

Die Kirche mit ihrer spätgotischen Ausstattung enthält die prachtvollen Grabdenkmäler der Herren von Vellberg (Wolff von Vellberg, links), sowie einige Kunstschätze. Das steinerne Kruzifix (rechts) stammt aus dem Jahr 1573, das geschnitzte Chorgestühl gar noch aus dem Gründungsjahr 1435. Die Gemälde an der Flachbogendecke (rechts, mit Kruzifix) sind stark an Dürers „kleine Passion" angelehnt, so dass man früher dachte, der Meister selbst sei hier tätig gewesen. Da die Schlosskapelle der Vellberg keine Pfarr-Rechte besaß, hatten sie sich gegenüber Würzburg ausbedungen, in der Martinskirche beigesetzt zu werden.

Portrait von Wolff von Vellberg auf seiner Grabplatte, ein Meisterwerk des Haller Steinmetzes Sem Schlör (oben). Kruzifix und Deckenbemalung im Stile Albrecht Dürers (rechts) und das prachtvoll ausgestattete Kircheninnere von St. Martin mit geschnitztem Chor.

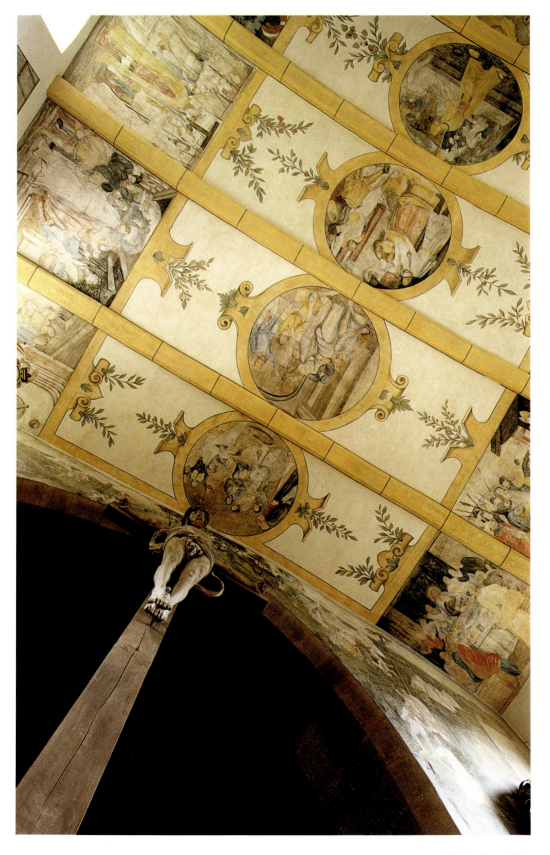

Das riesige Sonnwendfeuer zieht Groß und Klein in seinen Bann und wirft ein warmes Licht auf die Besucher (rechts).

Talheim

Thalheim ist von dem nördlich herabkommenden Ahlbach bewässert. Die Gebäude zeugen von dem Wohlstand der Bewohner. Die Nahrungsquellen fließen aus der Landwirtschaft und ist hierüber nichts besonderes zu erwähnen. Thalheim zählt die meisten unehelichen Geburten.

Oberamtsbeschreibung Hall, 1847

Talheim ist als Versorgungsort der befestigten fränkischen Königsburg auf dem nahe liegenden Umlaufberg gegründet, wird aber erst 1090 in einer Schenkungsurkunde an das Kloster Komburg erwähnt. Die Güter um Talheim sind während des 15. Jahrhunderts im Besitz vieler namhafter Adelsgeschlechter in Hall. Der Ortsadel, der sich von Talheim nannte, ist zwischen 1230 und 1406 erwähnt und soll auf der Neuburg gesessen haben, eine Burg oberhalb von Hilpert. Diese Neuburg wurde im 13. Jahrhundert von den Klingenfels erbaut, um ihre Talheimer Güter zu bewachen. Die Herren von Neuberg sind zwischen 1261 und 1421 erwähnt und waren wohl Vasallen der Klingenfels. In der Zeichnung der Widmannschen Chronik sind drei Burgen zu sehen: Die Ortsburg Thalheim (links), die Neuburg (Mitte) und eine damals aufgrund vorhandener Wälle und Gräben auf dem Burgberg vermutete, längst abgegangene Burg (rechts). Letztere ist nur als Bergfried dargestellt, ein Synonym für abgegangene Burgen, das in der Haller Chronik oft verwendet wird. 1357 ist die Burg im Besitz der Tauben von Crailsheim, 1376 bayrisches Lehen der Kirchberg. Die Edelknechte von Kirchberg saßen bis zu ihrem Aussterben 1469 hier. Später wird die Burg vellbergisch und kommt 1550 an Hall. Da waren noch stattliche Mauerreste vorhanden. Eine Karte von 1762 zeigt die Burg allerdings ausdrücklich nicht als Ruine, sondern als allein stehende Burg (Castra). Letzte Reste wurden 1843 beseitigt. Heute ist nur noch der Halsgraben im Gelände sichtbar.

Die Talheimer haben ihren eigenen Kopf. Mit den Worten: „*Bring her den Bock und bind ihn an, damit das Fest beginnen kann*", beginnt ein in Deutschland vermutlich einzigartiges Fest: das Talheimer Meckerfest. Ob die Bewohner Talheims besondere Kritiker an der Herrschaft Vellberg waren, ist nicht überliefert. Am 31. August 1967 eröffnete der Rat jedenfalls in Talheim eine Meckerecke, in jeder öffentlich – aber nach strengen Regeln – die Oberen kritisieren durfte. Es fanden sich dann aber nur wenige, die sich bei ihrer Meckerei gängeln lassen wollten. So wurde die Ecke in ein jährliches Fest umgewandelt, das der Talheimer Gesangsverein ausrichtet und bewirtet. Die Oberamtsbeschreibung bemerkt noch spitz, dass in Talheim die meisten unehelichen Kinder geboren werden, gefolgt von Vellberg und Michelfeld.

Sonnenwendfeuer

Die heidnische Tradition des Sommer-Sonnenwendfeuers zum 21. Juni ist in Talheim lebendig geblieben. Ein Club junger Männer, die gerne Bier aus bayrisch-mönchischer Tradition trinken, begann im kleinen, privaten Kreis. Das riesige Feuer auf dem Binselberg lässt sich aber nicht verstecken und zieht die Menschen aus Nah und Fern an. Inzwischen zu einem kleinen Volksfest herangewachsen, bietet die kultige Veranstaltung des Andechser-Clubs neben einem Kinderfeuer, das frühzeitig angebrannt wird, Musik und Bier auch den Auftritt der unechten Andechser Mönche. In einer sehenswerten Zeremonie wird das Feuer angefacht. Wer es lange aushalten kann, sieht die „Mönche" im Morgengrauen dann über das erlöschende Feuer springen.

In einer weiten Schleife umfließt die Bühler den Umlaufberg der Stöckenburg, im Winter lassen die blattlosen Bäume den Blick vom romantischen Wanderweg auf das mittelalterliche Städtchen Vellberg fallen. Von hier aus der Bühler folgend – mal im Tal, mal auf den Hochflächen – erstreckt sich einer der schönsten Wanderwege Hohenlohes, vorbei an dem aufgelassenen Weiler Rappolden, vorbei an Anhausen mit ehemaligem Kirchplatz und Burgruine, die Mühle Neunbronn im Tal liegen lassend, bis man in Oberscheffach wieder auf eine Straße trifft, die die Bühler bis Cröffelbach begleitet.

Auf den Hochflächen des Bühlertales sieht man noch die sanften Keuperhügel, deren erhabendste Erscheinung der Aulesbuckel zwischen Talheim und Kerleweck ist, bis die Fläche endlich in die Hohenloher Ebene mit ihren bekannt guten Ackerböden eingeht.

Rappolden

Rappolden ist ursprünglich die zur Burg Buch gehörige Mühle, und wahrscheinlich bereits im 11. Jahrhundert begründet. Die Siedlung ist urkundlich seit 1362 belegt. Über sehr lange Zeit wurden die Gülten der Mühle an die Pfarreien Anhausen und Stöckenburg sowie an das Amt Vellberg bezahlt. Die Mühle aber war über die Jahrhunderte zu wichtig, als dass man sie aufgeben konnte. Nach dem Zerfall der Burgen Buch und Anhausen konzentrierte sich das Treiben ganz auf Vellberg.

So wurde 1803 eine Sägmühle angebaut, die 1865 noch erweitert wurde. Für das Jahr 1804 sind zwei Mahlgänge belegt sowie ein Gerbgang, in dem die Eichenrinde zu Lohe gemahlen wurde. Die Lohe wurde für das Gerben von Tierhäuten benutzt. Man sieht an dieser Vielfältigkeit zum einen das Bemühen des Müllers, das ganze Jahr Arbeit zu haben, und auf der anderen Seite die im Lauf der Zeit veränderten Ansprüche, die einen Um- und Ausbau der Mühle notwendig machten. Noch 1845 hat der Weiler zwölf Einwohner.

Mit dem Einzug der Elektrizität verlieren die wassergetriebenen Mahlmühlen an Bedeutung und auch in Rappolden gibt man die Mühlentätigkeit auf. Noch im letzten Kriegsjahr 1944 kauft der Oberingenieur Friedrich Hoyler den Hof, zu dem noch 80 Morgen Äcker und Wiesen gehören, was ungefähr 25 ha entspricht. Zu dieser Zeit ist Rappolden als landwirtschaftliches Anwesen verpachtet. 1950 geht der Besitz an die Firma Schwenk über, die die Flächen zum Tausch für ihren expandierenden Gips-Tagebau benötigt. Die letzte Pächtersfamilie verlässt altershalber 1970 den Ort, der daraufhin als „Geisterdorf" nicht nur bei den Kindern der Umgebung attraktiv wird. Auch die in Hessental stationierten amerikani-

Hinter dem ehemaligen Weiler befindet sich ein Kalksinter-Wasserfall.

schen Streitkräfte übten hier von Zeit zu Zeit. Die Buben der Umgebung schleppten die Taschen voll mit Übungsmunition nach Hause. Die Gebäude verfallen schnell, und 1986 stürzt das Wohngebäude ein. Kurze Zeit darauf werden alle Gebäude abgerissen, nur die noch brauchbare Scheune blieb bis heute bestehen.

Der verlassene Weiler Rappolden Ende der 1970er Jahre.

Burg Buch

Als einfache Spornburg mit nur einem Graben konzipiert, hat nicht viel mehr als ein Wohnturm und ein Ökonomiegebäude auf der Anlage Platz gehabt. Ihre Entstehung dürfte im 11. oder 12. Jahrhundert zu suchen sein.

Die Burg Buch zwischen dem gleichnamigen Weiler (links) und dem Ort Sulzdorf (rechts) mit Kirche.

Bereits 1253 ist ein Herrmann von Buch als Haller Adel beurkundet. Zum Ende des 14. Jahrhunderts schwindet die Bedeutung der Ritterschaft – viele Ritter verlieren ihr Hab und Gut an andere Adelige und verarmen. Sie wohnen weiterhin in ihren verfallenden Burgen ohne größeres Einkommen und gehen nun unehrenhaften Dingen nach: die Raubritter entstehen. Heinrich von Tonzbach verkauft 1380 einen hiesigen Burgstadel und Hof an die Vellberger, 1461/62 soll auch diese Burg von Ludwig von Bayern zerstört worden sein, da aus ihr vermeintliche Raubzüge auf sein Gebiet ausgegangen seien. Die Steine der Burg wurden wahrscheinlich zum Ausbau der Bastion und Befestigung der Feste Vellberg 1466 verwendet.

Heute findet man noch den Halsgraben im Gelände, der den kleinen Burghügel von der Ebene her trennt. Eine diagonal von Osten in den Burghügel hineinragende flache Rinne könnte womöglich den ehemaligen Eingang zur Burg markieren. Am westlichen Hang finden sich Schutthaufen und eine weitere Vertiefung als mögliche Reste einer ehemaligen Bebauung. Zur Bühler fällt der Burghügel über 27 m senkrecht ab, ein natürliches, unüberwindbares Hindernis.

Buch

Der Weiler Buch gehört mit zur ältesten Besiedlung, denn schon 1042 befanden sich Güter hiervon im Besitz des Hochstifts Würzburg. 1101 schenkt Gutta von Bocksberg zum Seelenheil ihres Gatten ihre Bucher Besitzungen an das Kloster Komburg, 1140 gibt Mechtild von Stein ihre Besitzungen ebenfalls dorthin. Später finden sich einzelne Höfe von Buch im Besitz derer von Hohenstein, von Schneewasser, von Rinderbach, von Tullau und von Vellberg.

Der Ortsname Buch taucht allein in Süddeutschland über 50 Mal auf. Besonders häufig ist er in Bayern und Franken zu finden, nur fünf Mal in Baden-Württemberg, davon drei Mal im Kreis Schwäbisch Hall. Wahrscheinlich gehen die Buch-Orte bereits auf germanische, jedenfalls vorfränkische Wohnplätze zurück. Das Wort Buch entstammt vom mhd. Buchgehölz, und ist verwandt mit Bühl. Denn der Büchner wird mit dem Bühler gleichgesetzt. So könnten die Orte auf eine Rodung auf einem Hügel zurückgehen, wobei auch das Buchgehölz diesen Ursprung besitzen könnte.

Bôrchruiin

zwiischa de Schdaa
gärdld d Zaid
uundr Houldr
un Glädda
maichld
a Reeschd Noochd

wär wôôras –
kaa Doofl sechds
kaa Groob
duund im Dool
farlaichd ärchadwu
a Grounich
midd wäinich Wôrd

wu sanns –
dafou
mim Reechawiind
wi aus de Fuacha
dr Schbais

Dieter Wieland

Burgplatz der ehemaligen Burg Buch mit Steilwand zur Bühler (rechts).

Sulzdorf

Der Gemeindebezirk liegt theils auf der das Kocherthal von dem Bühlerthale scheidenden, etwa zwei Stunden breiten Ebene, theils im Bühlerthale selbst und theils auf dem linksseitigen Abhange dieses Thales, welches zu beiden Seiten mit Laub- und Nadelholz bewachsen ist. Durch denselben fließt in der Richtung von Süden nach Nordwesten und in vielfachen Krümmungen die Bühler mit ihren Zuflüssen, wovon hauptsächlich der Schwarzlachenbach zu erwähnen ist. Die im Uebrigen freie Gegend wird östlich durch das crailsheimer Waldgebirge und südlich durch die waldige Bergkette am Einkorn begrenzt, welche die Sulzdorfer Ebene von dem Fischachthale scheidet. Ein großer Mangel an Obstbäumen macht die Gegend etwas kahl; nur Jagstroth macht eine Ausnahme. Wasser ist zur Genüge vorhanden. Seine Gebäude sind meist geräumig und stattlich, als redende Zeugnisse von dem Wohlstande der Bewohner. Die Sterblichkeit ist gering. Nahrungszweige sind der Ackerbau, der Handel mit Mastochsen, Rindern und jungen Schweinen, mit Kernen und – in Sulzdorf und Dörrenzimmern – mit Holz. Die Handwerke sind ganz unbedeutend. Der Boden ist hauptsächlich in Anhausen, Buch, Jagstroth, Hohenstatt und Neunbronn sehr ergiebig und fruchtbar. Reps wird vorzüglich in Jagstroth und Hohenstatt gebaut. Die Brache kommt nur selten zum Anbau. Im Allgemeinen herrscht Wohlstand.

Oberamtsbeschreibung Hall, 1847

Sulzdorf vom 504 m hohen Hehlberg aus gesehen. Nach dem Sturm Wibke war der Blick auf den Weiler frei.

König Heinrich II. selbst schenkt 1042 Güter zu Sunichilendorf an das Hochstift Würzburg. 1090 wurden weitere Güter des Adels an das Kloster Komburg geschenkt. Daraus kann man ersehen, dass Sulzdorf schon früh besiedelt und überwiegend Königsland gewesen sein muss. Ein Ortsadel oder eine Ortsburg sind weder bekannt noch überliefert.

Der Ortsname darf wohl nicht mit einem Salzvorkommen in Verbindung gebracht werden, eher mit sumpfigem – sulzigem – Land. Dafür spricht auch der den Ort durchfließende Bach, der Schwarzlachenbach genannt wird.

Pfarrei und Kirchhof wurden bis 1837 bzw. 1858 von Anhausen aus versehen. Sulzdorf profitierte von der Lage an der Fernstraße Hall – Ellwangen sowie an der Bahnlinie Hall – Crailsheim. Der wachsende Ort erregte die Aufmerksamkeit der Stadt Hall, und durch Möglichkeiten der breitflächigen Industrieansiedlung wurde Sulzdorf eingemeindet. Als Wohnstätte für in Hall Arbeitende wuchs Sulzdorf schon bald über sich hinaus. Heute bietet es gute Wohnqualität, beste Gastronomie und vielfältige Freizeitmöglichkeiten.

Unter dem Kirchplatz Anhausen an der Mündung des Schwarzlachenbaches in die Bühler liegt eine Tuffsteinhöhle. Der Überlieferung zufolge hat hier einst ein Eremit gelebt. Nun schlafen zumindest im Winter seltene Fledermäuse in den Ritzen und Spalten.

Anhausen

Ob die Tropfsteinhöhlen in Anhausen als Beginn einer Besiedlung durch einen Einsiedler angesehen werden können, bleibt unklar. Man könnte mutmaßen, dass Anhausen bereits den latènezeitlichen Siedlungen auf der Stöckenburg und bei Aspach als spiritueller Platz gedient hat. Es gibt jedenfalls keine Funde bisher, die ein Bewohnen der Höhlen über längere Zeit durch Menschen bestätigen würden. Die große Höhle bietet zwar genug Platz, ein Bewohner bekäme aber bei jedem Hochwasser nasse Füße. Der Überlieferung zur Folge soll von hier aus ein Gang bis zur Stöckenburg gehen. Dass dabei mehrere Seitenklingen und die Bühler selbst untergangen werden müssten, schert den Volksmund wenig.

Die Franken waren im 9. Jahrhundert sicher die ersten Siedler. Ein Versorgungshof und eine Mühle, mehr hatte keinen Platz im engen Bühlertal – und dabei ist es bis heute geblieben.

Nach Ende des letzten Krieges richtete sich ein Vertriebener am Hang des Schwarzlachenbaches seine neue Heimat ein. Fast mittellos, baute der „moderne Eremit" seine Hütte aus allerlei zusammengetragenen Materialien. Einem Gespräch mit Wanderern nicht abgeneigt, ließ er sich gern auf „Gartenzaungespräche" ein. Mitte der 1980er verstarb der letzte Einsiedler von Anhausen. Noch ehe man sich versah, machte eine Planierraupe alle Erinnerungen dem Boden gleich.

Bartholomäus-Kirche

Der Kirchplatz in Anhausen dürfte die erste von der Stöckenburg begründete Filiale gewesen sein, als Gründungszeit kann man das 9. Jahrhundert annehmen. Hier sind auch die Urpfarreien Westheim, Münkheim und Lendsiedel entstanden. Anhausen wurde mit der Martinskirche der Stöckenburg lange Zeit gemeinsam von Würzburg aus verwaltet. Der Grund jedoch, warum an diesem abgelegenen Ort eine Kirche und eine Pfarrei von den Franken installiert wurde, liegt bis heute im Dunkeln. Denkbar ist, dass die Franken mit einer Kirche einen bereits seit keltischer Zeit in Funktion befindlichen, spirituellen Platz „christianisieren" wollten oder dass bereits lange Zeit dort siedelnde Mönche den Ausschlag zum Kirchenbau gaben. Der Ortsname Anhausen oder Auhausen lässt sich oft auf ein Kloster zurückführen.

Die Kirche Anhausen wird im Jahr 976 erstmals erwähnt. Zu dem frühmittelalterlichen Pfarrsprengel gehörten 12 Weiler. Das Areal bei der Kirche wurde auch als Kirchhof

Das Haus des letzten Einsiedlers nach seinem Tod.

benutzt. Am 6. Mai 1545 wurde die Reformation eingeführt. 1613 und noch einmal 1782 wurde die Kirche erweitert, zuletzt bot sie Platz für 500 Gläubige. Inzwischen wuchs der Ort Sulzdorf auf der Höhe heran und hatte bald auch eine eigene Kirche. Die Bartholomäus-Kirche wurde am 9.8.1863 aufgegeben und versteigert. Der Ersteigerer brach die Kirche kurzerhand ab und verwertete die Steine. Der wertvolle Altarschrein aus dem Jahre 1506 wanderte ins Landesmuseum. Seit 1858 ist auch der Kirchhof nicht mehr in Benutzung, der neue Friedhof in Sulzdorf wurde als letzte Ruhestätte in Betrieb genommen.

Zum 1000-jährigen Jubiläum wurde der Kirchplatz in Anhausen wieder für die Öffentlichkeit hergerichtet und mit Kreuz sowie Glockenturm versehen. Am 24.8.1975 fand erstmals wieder ein Gottesdienst statt.

Der Kirchplatz Anhausen mit Glockenturm, Kreuz und symbolischem Altarschrein in schmiedeeiserner Ausführung.

Bei einer Wanderung durch das Bühlertal um Anhausen lässt sich der Jahreslauf besonders intensiv erleben. Nicht nur die Farben, auch die Gerüche ändern sich von Mal zu Mal. Im Winter ist es die klare Luft eines sonnigen Tages, im Frühjahr mischt der Bärlauch (rechts) seinen typischen Knoblauchduft unter die Bäume, die erste Blindschleiche (links oben) sonnt sich am Wegesrand und der Rotmilan (unten) versorgt seine Jungen mit Wühlmäusen. Wenn der Sommer gekommen ist, umgaukelt der Große Schillerfalter den Wanderer, auf der Suche nach raren Mineralien hat er sich auf dem Weg niedergelassen (Mitte).

Das geschlossene Blätterdach des Hangwaldes spendet kühle Frische an heißen Tagen und erfreut das Auge des Wanderers mit einer unbeschreiblichen Vielzahl von Grüntönen. Und während des ganzen Konzerts der Farben und Gerüche murmelt die Bühler ihren friedlichen Kanon im Hintergrund.

Burg Anhausen

Auch die Burg Anhausen liegt mit ihren Anfängen im Dunkel der Geschichte. Sie dürfte zwischen 800 und 900 erbaut worden sein. Ein Beringer von Ohausen, der 1251 als Zeuge eines Komburger Vertrages aufgeführt wird, und der 1273 erwähnte Konrad von Anhausen als Abt des Klosters Komburg sind nicht eindeutig hierher zu deuten.

Die Burg wird bereits um 1300 aufgegeben und ist dann Ruine, in der sich vielleicht noch der ein oder andere Tagdieb aufhält. Für 1380 ist die Burg ausdrücklich als Ruine im Gebiet derer von Hohenstein erwähnt. „...liegt uff der Steigen gegen die Kirch Ohausen unden an Seewiesen zuvordert, ist vierecket gewesen." – „...umgeben mit einem Zaun..." Der See ist inzwischen wieder vorhanden, die Lage der Burg ist mehr versteckt als präsent und entspricht auch in der relativen Kleinräumigkeit den ersten befestigten Burgen in unserer Gegend – wenn es denn überhaupt eine Burg gewesen ist.

Burg oder Kloster?

Begeben wir uns wieder in das Reich des Ungewissen. Möglicherweise handelt es sich bei dem Kirchplatz Anhausen um ein ehemaliges, frühmittelalterliches Kloster. Nach dem Vorbild der Grafen von Komburg könnte hier ein unbedeutenderer Adelszweig Ähnliches versucht haben. Es gibt keine schriftlichen Beweise dafür, dass die Herren von Anhausen vielleicht ihre Burg in ein Kloster umwandelten, das wegen seiner Nähe zur aufkommenden Zivilisation womöglich im 12. Jahrhundert nach Bölgental an der Jagst verlegt wurde. Auf der Ebene zwischen Stadel und Altdorf sind noch heute die Flurbezeichnungen „Heiligenwiese" und „Mönchsäcker" zu finden, die eindeutig auf ein Kloster hinweisen, von dem in näherer Umgebung jedoch jede Spur fehlt.

Die Überlieferung, in Anhausen habe ein „Einsiedler" gelebt, ist ein weiteres Indiz für ein Kloster. Einsiedler sind im Christentum bereits seit dem 3. Jahrhundert nachweisbar. Die Pauliner-Eremiten nannte man auch „Väter des Todes" weil sie den Totenkopf auf ihrer Kutte trugen und besonders bei Beerdigungen hinzugezogen wurden. Anhausen war auch Kirchhof bis

1853. Einen Aufschwung erlebte der Orden der in Bescheidenheit und Armut lebenden Mönche im Mittelalter. Kraft von Hohenlohe überließ ihnen 1382 eine Kapelle in Goldbach und die Einkünfte aus den Pfarreien Untermünkheim und Ilshofen. Hermann von Hornberg und seine Mutter Barbara von Merkingen übergaben dem Orden 1403 die Marienkapelle in Anhausen (bei Gröningen) sowie die Einkünfte der Pfarrei Wallhausen. Die Marienkapelle ist seit 1344 nachweisbar, 1357 soll bei ihr ein Kloster gegründet worden sein. Für das Jahr 1359 ist sogar eine Einsiedelei an diesem Platz erwähnt. Das Kloster Anhausen brannte 1445 nieder, wurde aber sofort wieder aufgebaut. Während des Bauernkrieges 1525 plünderten Aufständische das Kloster. Beide Klöster waren bei der Bevölkerung sehr beliebt, denn die Mönche entstammten überwiegend dem Bürger- und Bauerntum. Mit der Reformation fanden beide Klöster ihr Ende, Anhausen 1557, Goldbach 1560.

Eine langsam überwachsende Mauerecke ist der Rest eines Versuches, die Burg Anhausen völlig vor dem Verschwinden zu retten.

Neunbronn

Das unbedeutend scheinende Neunbronn – es besteht nur aus drei Gebäuden – ist in vielerlei Hinsicht bemerkenswert.

Der Ursprung der Siedlung liegt wie so oft im Dunkeln. An das Tageslicht der historisch belegbaren Daten kommt es im Jahr 1078, als Adelbert von Bielriet es dem Kloster Komburg schenkt. Die Mühle Neunbronn liegt auf dem direkten Weg zwischen Sulzdorf und Großaltdorf, zwei bereits früh besiedelten Plätzen, und dürfte beiden als Mühle gedient haben. Die sehr steilen Passagen an den Bühlerhängen waren sicher schwierig zu befahren, dafür aber kurz. Auffällig ist die „Bewachung" durch gleich zwei Burgen, eine auf jeder Bühlerseite, ein Umstand, der sich in Hohenlohe nicht oft wiederholt.

Ausschlaggebend für den Bau einer Mühle gerade hier im engen Tal der Bühler dürften die neun Quellen gewesen sein, die das ganze Jahr hindurch mehr oder weniger gleichmäßig Wasser zutage fördern und selbst in sehr strengen Wintern, wenn alles zugefroren ist, noch Wasser liefern.

Die Mühle Neunbronn im engen Tal.

Wahrscheinlich hat die Mühle in Neunbronn über tausend Jahre dem Menschen gedient, und nach der großen Zeit der wassergetriebenen Mühlen war sie eine der ersten, die Strom lieferte.

Mit dem in Neunbronn lebenden Schlossermeister Georg Lang begann die moderne Nutzung der Wasserkraftwerke im Bühlertal wieder an Bedeutung zu gewinnen. Wo es technisch möglich war, erzeugt das Wasser der Bühler heute wieder rund um die Uhr umweltfreundlichen Strom.

Am 13. Februar 1605 fand man bei Neunbronn einen Mammutzahn und große Knochen. Da die Kenntnis über bereits ausgestorbene Tierarten bis weit in die Neuzeit gering war, dachte man, ein Einhorn gefunden zu haben und brachte den Fund nach Hall, wo er bis heute im Chor der St. Michaelskirche zu bewundern ist. Weitere Mammutknochen und Zähne wurden in Sulzdorf bei Baggerarbeiten gefunden und leider auch größtenteils zerstört.

Tausend sechshundert und Fünff Jahr,
Den Dreyzehenden Februarii ich gefunden war,
Bey Nenbronn an dem Hällischen Land,
Am Bühler Fluß zur lincken Hand,
Samt großen Knochen und lang Gebein,
Sag Lieber, was Arth ich mag seyn.

Den Wasserreichtum der namensgebenden 9 Quellen – die heute unter der Wasseroberfläche des Stausees liegen – hat der Ort der Jagst zu verdanken. Durch Färbeversuche Anfang der 1970er Jahre gelang der Nachweis, dass zumindest ein Teil des hier austretenden Wassers nördlich der Jagst versickert, unter der Jagst hindurch fließt und nach über 17 km unterirdischen Weges in Neunbronn wieder ans Tageslicht kommt. Bei einer Fließgeschwindigkeit von 40–50 Metern pro Stunde ist das Wasser 14 bis 18 Tage unterwegs.

Der Stausee der Neunbronner Mühle bietet durch seine Jahrhunderte alte Verlandungszone mit den vielen Quellen ein einzigartiges Naturreservat.

Die Burgen Hohenstein und Hohenstatt

Die Burgen Hohenstein (links) und Hohenstatt oder Neunbronn (rechts).

Hohenstein

Die Hohenstein treten erst 1334 urkundlich belegbar auf, als mehrere Brüder der Stadt Hall das Öffnungsrecht an ihrem Haus einräumten. Wenig später ist aus den Urkunden zu erfahren, dass die Burg Hohenstein verpfändet wurde, da Konrad von Hohenstein einen Verkauf von Gütern bei Münkheim mit der Einlösung seiner Burg rechtfertigt. In Folge müssen die Hohenstein immer mehr ihrer Güter verkaufen, zuletzt veräußert Walter von Hohenstein 1375 Haus und Burgstall mit allem Zubehör an Kraft von Hohenlohe. In einer Urkunde aus dem Jahre 1380 ist allerdings der Verkauf desselben durch Rüdiger von Hohenstein an seinen Haller Mitbürger Hans Schlez verbrieft. Da der Kaufpreis lediglich 18 Pfund Heller betragen hat, kann man annehmen, dass die Burg zu dieser Zeit nicht mehr bestand. Fast hundert Jahre später will Ludwig von Bayern in seiner Strafexpedition auch dieses Raubnest zerstört haben, er wird mit den Resten der Ruine leichtes Spiel gehabt haben.

Aufgrund der Größe und Ausführung der Anlage ist anzunehmen, dass sie bereits im 11. Jahrhundert entstand. Die Hohenstein scheinen gegen Mitte des 13. Jahrhunderts bereits als Bürger nach Hall gekommen zu sein, wie viele andere Adelsfamilien auch. Sie waren mit den Scheffau verwandt und wahrscheinlich Erben der Anhausen, da die Ruine Anhausen lange auf Hohensteiner Gebiet vermerkt wird. Die Burg Hohenstein hatte ihren Namen wahrscheinlich von dem auch heute noch steil ins Bühlertal abfallenden Burgfelsen.

Neben dem tiefen Halsgraben ist an Bebauungsresten nur noch die Vertiefung des Bergfrieds zu erkennen. Heute dient der Burghügel als höchst romantischer Grillplatz.

Hohenstatt

Die Burg Hohenstatt – oder der besseren Unterscheidung zur Burg Hohenstein und dessen Weiler Hohenstadt wegen „Neunbronn" – ist aufgrund der Ausführung mit Vorburg und Hauptburg als die jüngere der beiden einzustufen. Ihre Entstehung dürfte sie im 12. oder 13. Jahrhundert gehabt haben. Dem Gedicht „Wasserfrauen" des Tüngentaler Pfarrers Cleß zufolge waren beide Burgen auch gleichzeitig bewohnt. Die Burgherren der Burg Neunbronn waren im Volke wohl bekannt für ihre ausschweifenden Feste. Ein namentlich überliefertes Adelsgeschlecht ist für diese Burg jedoch nicht eindeutig zu identifizieren. Spätestens im 16. Jahrhundert war die Burg abgegangen. Das Lagerbuch Hohenstadt verzeichnet 1699 einen Wald, *„der Burckstahl genant, wo vor alters ein Schloß gestanden"*. Das Wissen um eine Burg oder ein Adelsgeschlecht war also bereits weitestgehend erloschen. Die vielen Orte mit Namen Hohenstatt und die vielerlei Schreibweisen machen eine eindeutige Identifizierung mittelalterlicher Quellen oft nicht möglich.

Wasserfrauen

Zu Hohenstadt im Schlosse bei rotem Fackelglanz, da gab es lust'ge Weisen, Bankett und Mummenschanz.

Man leert die langen Humpen, des besten Weines voll, da werden dann allmählich, die Köpfe wirr und toll.

Bald mag man nimmer bleiben Baron und Edelfrau, man wandelt sich zum Bären, zum Affen und zum Pfau.

Man trägt die Schellenkappe statt Helm und Federhut, die Peitsche statt des Schwertes nimmt man im trunk'nen Mut.

Es war im tiefen Winter, in frischer, klarer Nacht, am blauen Himmel funkelt der gold'nen Sterne Pracht.

Da zieh'n sie aus dem Thore gar wunderlich vermummt, als von des Turmes Glocke die Geisterstunde brummt.

Zum Nachbar, gegenüber, im Hohensteiner Schloß, zieht in der bunten Larve der ausgelass'ne Troß.

Zu Neunbronn aber sitzen beim trüben Fichtenspan, des Müllers rüst'ge Mägde, und spinnen drauf und dran.

Sie rücken eng zusammen, und düseln leis und traut, von schaurigen Geschichten – kalt überläuft's die Haut.

Und daß im Bühlerflusse, dicht bei des Müllers Haus, die Wasserfrauen spuken, und andern Geistergraus.

Da öffnet sich die Thüre bei jähem Fackelschein, es dringt von Teufelsfratzen ein ganzer Schwarm herein.

„Helft Gott, die Wasserfrauen! und Ach! und Mordio!" – Sie stäuben auseinander, als brennt' es lichterloh.

Und lassen sichs nicht nehmen, und schwörens überlaut, sie hätten aus der Bühler die Wasserfrau'n geschaut.

Pfarrer Cleß zu Tüngental, 1842

Hohenstadt und Jagstrot

Was für irreführende Namen: Hohenstadt ist weder eine Stadt noch liegt Jagstrot an der Jagst.

Hohenstadt

Hohenstadt ist der ehemalige Weiler der Burg Hohenstein. In der hiesigen Mundart Hôheschtah. Noch zur Niederschrift der Oberamtsbeschreibung Hall schrieb sich der Ort „Hohenstatt", daher steht dort zu lesen: *„Hohenstatt, auch Hohstenhof genannt, führte früher den Namen Hohenstein und ist nicht zu verwechseln mit Burg Hohenstatt, welche auf dem rechtsseitigen Bühlerufer gegenüber von Hohenstatt auf der Markung Kerleweck lag. Die Landschaft ist hier, Theils durch die Aussicht auf entfernte Punkte, Theils durch den Blick auf das Bühlerthal, schöner, als in Sulzdorf."* Ein königlich-stuttgarter Kartograf adelte in den folgenden 150 Jahren die wenigen Höfe von Hohenstadt zur städtischen Siedlung. Heute findet der Wanderwillige an Stelle des Raubschlosses einen romantischen Grillplatz und oberhalb der Straße nach Neunbronn einen Wanderparkplatz als guten Ausgangspunkt für Wanderungen durch den natürlichsten Teil des Unteren Bühlertales – in beide Richtungen.

Jagstrot

Auch hier bemerkt bereits die Oberamtsbeschreibung Hall 1847, dass *„die neuere Schreibart offenbar unrichtig ist, da an die Jagst hier nicht zu denken."*

Früher schrieb sich der Weiler Jochesrod, Jochsroth oder 1474 bei der ersten urkundlichen Erwähnung Jochserode. Mitte des 19. Jahrhunderts noch Jagstroth, doch das „h" fehlt seit der Einführung der ersten großen Rechtschreibreform im Jahr 1900. Der Ortsname hat also mehr etwas mit dem Jagen – im Volksmund – jôôche – zu tun, und dies geschah auf einer Rodung, von der mangels Wald seit mehr als 800 Jahren nichts mehr zu sehen ist.

Also war auch hier ein Schreibtischtäter am Werk, der ungeachtet nachbarlicher Flüsse diesem Ort einen falschen Namen gab.

Heute ist Jagstrot landwirtschaftlich geprägt. So leicht es die Landwirte auf ihren weitläufigen Ackerflächen auf der Ebene haben,

In engen Serpentinen windet sich die Straße ins Bühlertal.

umso schwerer müssen sie an ihren Waldparzellen im Otterbach- und Bühlertal arbeiten. Oft lohnt sich die Arbeit nicht, einen Stamm mit hohem technischen Aufwand die steilen Hänge heraufzuziehen. Hier heizt das Brennholz schon, bevor es zu ofenfertigen Scheiten geschlagen wird.

Manchem werden die vielen toten Bäume hier im Bühlertal auffallen. Auf den schattigen Hängen ist ein Linden-Bergahorn-Ulmen-Wald typisch – gewesen. Durch den Ulmensplintkäfer, der einen für den Baum letalen Pilz verschleppt, sind die meisten Ulmen bereits abgestorben. Diese Baumart existiert momentan nur noch als Strauch – sobald sie dick genug sind, dass der Ulmensplintkäfer seine Löcher durch den Splint bohren kann, gehen sie ein.

Merkwürdigerweise heißt es in Europa, der Pilz sei aus Amerika eingeschleppt worden, und in den Vereinigten Staaten, die dasselbe Problem haben, nennt sich das Ulmensterben „dutch-elm-desease" – „Holländische Ulmen-Krankheit".

Nach einem Sommerregen ziehen Nebelschwaden aus dem Tal. Von Hohenstadt blickt man über das Bühlertal bis zum 6 km entfernten Wasserturm von Wolpertshausen (oben links im Bild).

Die großen Pestwurzblätter am Bühlerufer erinnern viele an Rhabarber, auch sind sie oft als Sonnenhut oder Regenschutz dem Wanderer nützlich.

Etwas oberhalb der Otterbachmündung flüchtet der Tau aus den Wiesen vor der Sonne. Vogelstimmen erfüllen die Luft und das ewige Murmeln der Bühler. Kein fremder Laut dringt an das Ohr. Die Sonne erobert das Tal von der westlichen Talkante her, dringt bis in den Grund vor, lässt die frischgrünen Blätter der Weiden am Ufer klar gegen den schattigen Hintergrund leuchten. Es wird Tag im Bühlertal.

Der Otterbach

Der Otterbach entspringt in dem weitläufigen und fruchtbaren Ackerland zwischen Veinau, Weckrieden und Altenhausen. Er kann mit einer Besonderheit aufwarten, die es in unserer Region nicht so oft gibt: Quellsümpfe.

Einer findet sich nordwestlich von Altenhausen und der zweite zwischen Altenhausen und Tüngental. Bei beiden ist leider durch Eingriffe des Menschen der ursprüngliche Charakter verloren gegangen. Der Otterbach entwässert fast die ganze Haller Ebene und führt daher ganzjährig stark Wasser. Unterhalb des Weilers Otterbach nimmt er den Rotbach auf und mündet oberhalb Oberscheffach in die Bühler ein. Die Klinge wurde bereits in der Oberamtsbeschreibung Hall 1847 als „höchst romantisch" bezeichnet.

Aus der Vogelperspektive zeigt sich Altenhausen als typisches Straßendorf, die Wasserburg lag unterhalb des Ortes in einem künstlichen See.

Altenhausen

Der Ortsadel nannte sich außer Altenhausen auch Unmueß und ist erstmals 1228 als Haller Adel erwähnt. Vermutlich waren die Unmueß Vasallen der Bielrieth, denn nach deren Aussterben verarmten die Altenhausen schnell und durch eine Mordtat provozierten sie die Zerstörung ihrer Wasserburg. Diese lag nördlich des Ortes in einem See, dessen Damm man heute mit der Straße nach Veinau überquert. Deutlich ist der Turmhügel in der heutigen Obstwiese zu sehen. Die

Das Wasserschloss der Unmueß in historischer Abbildung.

Burg bestand aus einem gemauerten Turm mit Fachwerkaufsatz und entsprach den fränkischen Turm-Weiher-Burgen. Nördlich davon standen in einer Art Vorburg weitere Gebäude mit rechteckigem Grundriss. Direkt an der Straße existiert noch ein Brunnenschacht, von dem man sich erzählte, dass er Verbindungen zu den unterirdischen Gewölben der Burg habe.

Die Burg wurde 1312 zerstört und taucht als Burgstadel mit See in einer Urkunde des Jahres 1481 noch auf. Die dramatische Geschichte hat sich auch in Versform niedergeschlagen.

Der Unmueß von Altenhausen

Wer schleicht um die Schuppachmauer
Beim blinkenden Mondesstrahl?
Wer steht dort auf feiger Lauer,
In der Faust den tückischen Stahl?

Der Unmueß von Altenhausen,
Er paßt auf den Eberwein,
Der kommt vom Schlemmen und Brausen
Dahergepfiffen – allein.

„Hast du mich im Spiele betrogen
Betrogen um Hab und Gut,
Mich aus bis aufs Hemde gezogen,
Mußt du mir jetzt lassen dein Blut!"

Der Eberwein wirft sich zur Erde,
Beschwört ihn bei Weib und bei Kind,
Und fleht mit Mund und Geberde,
„Verfahr, ach verfahre gelind!"

„Hast du an Weib und an Kinder,
Da du mich geplündert, gedacht,
Du ehrvergessener Sünder,
Der mich zum Bettler gemacht?"

Und stößt ihm den Dolch in die Kehle.
Da liegt er im Blute so rot,
Gott befohlen, du arme Seele,
Die Augen sinken in Tod. –

Drauf kamen die Haller gezogen
In Hausen zu Fuß und zu Roß,
Mit Sturmbock, Pfeilen und Bogen
Und brechen des Mörders Schloß.
Der Unmueß aber muß wandern,
Es jagt ihn von Ort zu Ort,
Von einer Stelle zur andern,
So pilgert er rastlos fort.
Ihm sitzt der Rächer im Nacken
Und geißelt ihn weit und breit,
Wie Geiersgriffe, so packen,
Ihn stündlich Reue und Leid.

Zuletzt im böhmischen Lande
nach manchem beschwerlichen Tag
Kommt er noch zu Gut und zu Stande
An des Königs Hofe zu Prag.

Jetzt meint er mit rotem Golde
zu sühnen den greulichen Mord,
Ein Kirchlein vom neuen Solde
Erbaut er am Schuppach dort.

Doch nichts mag sühnen auf Erden,
Kein zeitlich Geld und kein Gut,
Nicht Geißeln, nicht Leibesbeschwerden,
Mag sühnen vergossenes Blut.

Vom obersten Richter gesprochen
Traf Fluch der Vernichtung sein Haus,
Ihm ward auch der Bruder erstochen,
Und mit den Unmuessen wars aus.

Pfarrer Cleß zu Tüngental, 1842

Tüngental

Der Name des Ortes rührt vom germanischen Thing oder Ding her, ein Platz, an dem Rat gehalten wurde, und lebt noch heute in der Mundart weiter (Dingelte). So dürfte der Ort bereits zu alemannischer Zeit besiedelt gewesen sein.

Die Pfarrei Tüngental wurde von den Grafen von Komburg um das Jahr 990 gestiftet. 1096 wird urkundlich festgeschrieben, dass der jeweilige Schirmvogt am Pfingstmontag Gericht zu halten hat. Das ganz aus Stein gebaute Pfarrhaus soll Conz von Hopfach 1286 zu diesem Zweck Komburg übergeben haben, nachdem er selbst bis dahin dort gewohnt hatte. 1315 hat der Kapiteldekan hier seinen Sitz, ein Adelsgeschlecht von Thüngenthal wird in Hall erwähnt. Viele Adelsleute haben hier Besitzungen, so die Lobenhausen, Wollmershausen, Vellberg und Bachenstein. Tüngental ist auch Sitz des Haller Landamtes Schlicht gewesen. Der Ort und womöglich die Ortsburg werden 1449 vom Markgrafen zu Ansbach niedergebrannt. Der hiesige Ortsadel verarmt Anfang des 16. Jahrhunderts und macht nur noch unrühmlich auf sich aufmerksam. 1511 ging ein Eustachius von Thüngen den limpurgischen Untertanen in Sulzdorf und Hessental zu Leibe, 1526 zog Adam von Thüngen plündernd durchs Land.

Tüngental mit altem Ortskern und den neuen Siedlungen.

Neben den freien Bauern siedeln auch Handwerker in Tüngental, deren Arbeiten – vor allem Schmiedearbeit – bald auch über die Gemarkungsgrenzen hinweg bekannt sind. Gegen Ende des zweiten Weltkrieges muss der Ort schwer unter seiner Nähe zum Hessentaler Flugplatz leiden.

Die reiche Ausstattung der Marienkirche wird fast ganz zerstört. Erhalten geblieben sind vier farbige Glasfenster aus der Zeit um 1435. Der Altar und die steinerne Madonna mit dem Hasen gingen verloren. Die Geschichte von Maria und dem Hasen kam aber unbeschädigt über die Zeit: Pfarrer Cleß von Tüngental veröffentlichte 1842 die Geschichte in der ihm eigenen Versform.

Ein starkes Gewitter entlädt sich bei Altenhausen über der Haller Ebene.

Der Hase von Thüngenthal

Einst jagt bei Thüngenthal über den Plan
Der Schenke von Limpurg lobesan,
Und wie er Bolzen um Bolzen versendet,
Hat da und dort ein Tierlein geendet.

Und weiter jagt er in keuchendem Lauf,
Da hebt aus der Furche ein Häslein sich auf,
Und drauf mit Hallo – und die Rüden bellen
Voll Hitze, den fliehenden Hasen zu fällen.

Und der Schenk jagt weiter in Sturmeseil',
Als gält's zu erjagen sein Seelenheil.
Vom Dörflein herüber erschallen die Glocken,
Und schärfer hetzt er die kläffenden Doggen.

Und vor dem Altar der Priester steht,
Rings kniet die Gemeinde im stummen Gebet.
Vom Altare hernieder blickt hehr und mild
Ein gnadenreiches Marienbild.

Und vor dem Bilde prangt Strauß um Strauß,
Der Weihrauch duftet durchs Gotteshaus.
Nichts hört man in der stillen Kapelle,
Als der Ministranten klingende Schelle.

Doch plötzlich wirds laut vor dem Kirchenthor
Von der Jäger und Hunde tosendem Chor,
Und es huscht ein Häslein zur Thüre herein,
Die lechzende Meute hintendrein.

Der Schenk herunter vom triefenden Roß,
Ihm nach der lärmende Dienertroß.
Jetzt kann ja der Hase nimmer entrinnen,
Sie müssen die sichere Beute gewinnen.

Doch jählings werden die Hunde still,
Und keiner dem Hasen ans Leben will;
Sie strecken sich nieder mit pochender Lunge
Und weit vom Maule die schäumende Zunge.

Die Mutter der Gnaden blickt hehr und mild
Herab aufs bange, zitternde Wild,
Und das Häslein in seinen Todeswehen
Schaut zu ihr hinauf mit stummem Flehen.

Der Schenk als träf ihn ein Donnerstreich,
Vor Schrecken wird er bald rot, bald bleich;
Dann trägt er das Tierlein auf seinen Armen
Zur Kirche hinaus mit zartem Erbarmen.

Und wie es entfleucht aus des Ritters Hand,
Da blieben die Hunde wie festgebannt.
Das Tier sucht wieder die Freiheit der Fluren,
der Mensch sucht höheren Waltens Spuren.

Und der Schenk bringt reichliche Spenden dar,
Zu bau'n und zu schmücken Chor und Altar.
D'rauf ist das Kirchlein aus allen Orten
Eine Wallfahrt zur Mutter Gottes geworden.

Pfarrer Cleß zu Tüngental, 1842

Otterbach an der Kreuzklinge.

Otterbach

Otterbach gehörte zum Teil ebenfalls zum weitläufigen Besitz der Grafen von Komburg und ist für 1090 als in klösterlicher Hand beurkundet. Im Jahr 1298 erscheint ein Waltherus dictus Weisse de Otterbach als Zeuge. Über das Geschlecht ist darüberhinaus nichts bekannt. Auch gibt es keinerlei Hinweise auf eine Ortsburg. 1593 wurde der See im großen Hirschbach an Hall verkauft, noch 1690 wird dieser See mit einer Größe von 1,5 Morgen angegeben. Heute existieren an der vermutlichen Stelle noch zwei kleine Fischteiche.

Otterbach hat aber schon eine längere Siedlungstradition. Im östlich des Ortes gelegenen Wald befinden sich einige Grabhügel. Nach Grabungsbefunden aus dem Jahr 1938 gehen diese Gräber auf die Hallstattzeit (700–500 v. Chr.) zurück. Ein weiterer Fund aus diesem Wäldchen ließ sich gar in die Urnenfelderkultur (1300–700 v. Chr.) datieren. Zusammen mit den Bandkeramiker- und Rössenerkultur-Siedlungen (5000–1800 v. Chr.) bei Tüngental auf der Flur „Höhäcker" ergibt sich eine zwar immer wieder unterbrochene, aber dennoch kontinuierliche Besiedlung dieser Orte seit der Jungsteinzeit. Spätestens seit der Zeit der Merowinger ist der Ort Otterbach dauerhaft als Wohnplatz benutzt worden.

Der Otter

durch die wies der kühe
floss mit sichtlich mühe
ein bach randvoll mit brühe

schwamm darin ein otter
durch den trüben schmotter
auf der such nach fotter

fand auch einen fisch
stank ganz fürchterlich
und den wollt er nisch

war der fisch ganz froh
dass der otter dachte so
dankt dem herrn und floh

des einen leid, des andern freud
der otter nicht die brühe scheut
nur die Kuh die wiederkäut.

Obwohl es für uns heute kaum mehr vorstellbar ist, dass sich Fischotter an unseren Bächen tummelten, ist es gerade hundert Jahre her, dass noch an Bühler und Kocher regelmäßig Otter gefangen wurden. Die Oberläufe des Otterbachs und des Rotbachs, die unterhalb des Weilers Otterbach in der Kreuzklinge zusammenfließen, waren früher wasserreich und sumpfig, idealer Lebensraum für Otter. Auch dürfte der Biber hier heimisch gewesen sein, zumindest bis ins 17. Jahrhundert.

Dann wurden die Bachläufe begradigt, die Sümpfe trocken gelegt und in Wiesen und Felder verwandelt.

Heute zeugt nur noch der Name von der einstigen Besiedlung. Mit dem Vordringen des Menschen verschwanden auch die einst geschlossenen Wälder, jetzt sind nur noch inselartig verbreitete Wäldchen übrig.

Der Otterbach frisst sich unterhalb der Ortschaft Tüngental tief in den Muschelkalk ein. Über unzählige Katarakte – gebildet aus härteren Gesteinsschichten – rauscht das Wasser geräuschvoll der Bühler entgegen. Unterhalb des Weilers Otterbach nimmt er in der so genannten Kreuzklinge den Rotbach auf. Über einen Wasserfall von 6 m Höhe überwindet der Rotbach auf kürzestem Weg den Höhenunterschied. Von Oberscheffach aus bietet sich ein Rundweg an, sommers wie winters eine erholsame Runde von 2–3 Stunden Gehzeit.

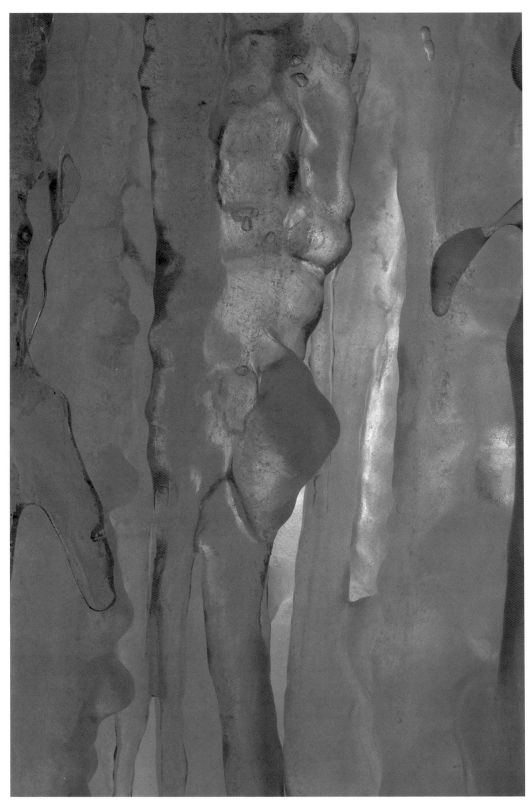

Der große Wasserfall in der Kreuzklinge erstarrt in sehr kalten Wintern zu einem Vorhang aus Eis. Mit etwas Geschick gelangt man hinter die Eiswand und zu einem faszinierenden Farben- und Formenspiel.

Oberscheffach liegt zwischen den Mündungen von Otterbach und Schmerach. Mit dem Wasser der Zuflüsse gestärkt, konnte sich die Bühler im Lauf der letzten Jahrmillionen ein breiteres, sonnigeres Tal schaffen. So kann man hier den seltenen Gartenrotschwanz (oben links) antreffen und viele Fledermausarten, darunter die stark gefährdeten Arten Mopsfledermaus und Zweifarbfledermaus. In den breiten Hangwäldern der Klingen fühlen sich besonders die Feuersalamander (rechts) wohl, am Ufer der Bühler wächst überall die Pestwurz (unten), die ihre rosa Blüten zeitig im Frühjahr – noch vor den Blättern – aus der Erde hervorstreckt.

Oberscheffach

Altes Fachwerk wird von der Natur umrankt, von der Zeit geadelt.

Im Mittelalter ist nur von einem Ort Scheffau die Rede, und da die Burg derer von Scheffau im heutigen Unterscheffach zu finden ist, wird oft nur dieses mit den alten Quellen in Verbindung gebracht.

Auf Zeichnungen der Haller Chronik aus dem Beginn des 16. Jahrhunderts ist meist auch Oberscheffach zu sehen. In manchem Bild haben die Zeichner auch hier ein Wasserschloss hingemalt. Über dessen Existenz ist aber weder in Urkunden noch im Gelände etwas zu erfahren. Der Hang von Schmerach und Finsterbach heißt noch heute Herrenrain, auf der Höhe über dem Ort Großaltdorf zu liegen zwei kleine Weiler, deren Name schon lange die Historiker beschäftigt: Großstadel und Kleinstadel. Bis heute ist man sich nicht sicher, ob damit ein lange abgegangenes Burgstadel gemeint ist, oder es sich um den Versorgungshof einer Burg im Bühlertal gehandelt hat. Auch spricht ein historisches Zitat von der „unteren Mühle" für Unterscheffach. Es ist nahe liegend, dass es dann auch eine obere Mühle gegeben hat. Ob die Besiedlung in Ober- oder Unterscheffach ihren Anfang genommen hat, bleibt im Dunkel der Geschichte. Nähere Erkenntnisse darüber können nur archäologische Befunde bringen.

Oberscheffach gehörte zur Pfarrei Anhausen, Unterscheffach zur Pfarrei Reinsberg. Allein daran ist es vielleicht möglich, den Ort nach Alter und Besitz von Unterscheffach zu trennen. Noch heute hat Oberscheffach drei Mühlen und wenn dies bereits im Mittelalter der Fall gewesen ist, dann hatte die Obrigkeit hier gut zu verdienen. Auch ist es möglich, dass die Mühle, die der Chronist Herold aus Reinsberg noch unterhalb der Burg Klingenfels wähnte, hier gestanden hat.

Die am Ortseingang stehende Schildwirtschaft „Zum Falken" hat noch bis in die 1960er Jahre hinein selbst Bier gebraut. Und darf man den Alten in der Umgebung Glauben schenken, so war es das beste Bier weit und breit. Als Ende der 1980er in Sulzdorf eine überregionale Tierkörperbeseitigungs-Anlage gebaut werden sollte, war der damalige Wirt des Falken einer der gewitztesten Gegner. Nachdem der Regierungspräsident erklärt hatte, das Abwasser der Anlage sei rein wie Trinkwasser, hatte der Wirt ihm sogleich angeboten, täglich ein Glas davon „auf Schduorgard" zu fahren – die Anlage wurde nie gebaut.

Ein andermal trafen sich die Bauern des Bühlertales wegen des geplanten Naturschutzgebietes „Unteres Bühlertal" im Falken mit Landwirtschaftsminister Weiser und dem Haller Vorsitzenden des Deutschen Bundes für Vogelschutz DBV, Schneider, zu einem „privaten" Gespräch ohne Presse, ohne weitere Vertreter der Naturschutzbehörden. Der Minister verspätete sich etwas, da waren Landwirte und der Vogelschützer bereits in den Meinungsaustausch vertieft.

Seiner preußischen Erziehung gehorchend stand Schneider bei Eintritt des Ministers auf – als Einziger. So ging der Mann aus Stuttgart gerade auf ihn zu und schüttelte ihm wie einem alten Bekannten die Hand. Die Bauern blieben sitzen und staunten nicht schlecht. Im Verlauf des Abends wurde man sich über die Grenzen und Auflagen des Schutzgebietes einig. Das Schutzgebiet machte die Pläne für drei Rückhaltebecken im Bühlertal zunichte. Der Naturschutz konnte in einer 1976 erschienenen, 47-seitigen Denkschrift die Schutzwürdigkeit des Bühlertales hervorheben. Nicht weniger als 666 Tier- und Pflanzenarten konnten in und an

Die obere Mühle in Oberscheffach.

der Bühler als heimisch festgestellt werden, allein 24 Wasseramsel- und 6 Eisvogel-Bruten zwischen Eschenau und Geislingen. Von insgesamt 107 Vogelarten konnten 82 auch als Brutvögel vermerkt werden, darunter Baumpieper, Nachtigall, Gelbspötter, Grauammer, Feldschwirl, Halsbandschnäpper, Trauerschnäpper und Raubwürger.

Die Hohenloher Unterwelt ist recht lebendig. Kaum einer wird wissen, dass hier eine der längsten Höhlen Süddeutschlands zu finden ist.

Im Bühlertal und den Nebenbächen gibt es aber nur kleinere Höhlen und alte Keller. Trotzdem ist das Leben darin nicht unbedeutend. Hohenlohe ist neben Tübingen und Freiburg die Region mit den meisten Fledermausarten in Baden-Württemberg. Und im Gegensatz zu den beiden Universitäts-Städten – deren Umgebung als bestuntersucht gelten kann – glänzt Hohenlohe mit aktiven Ehrenamtlichen und einer wirklich vielfältigen Fledermausfauna. So nimmt die landesweit als ausgestorben geltende Mopsfledermaus seit einigen Jahren in den Winterquartieren zu, ist sogar die dritthäufigste Art. Das Bühlertal ist nicht ganz unbeteiligt an dieser Entwicklung.

Häufige Höhlenerscheinungen sind die Zackeneule (links), die mit Tautropfen schwer beladene Stechmücke (rechts) oder das Netz der Höhlenkreuzspinne (oben).

Die Schmerach

Die Schmerach entspringt in den nordwestlichsten Ausläufern des Burgbergwaldes etwa mittig zwischen den Weilern Oberschmerach und Lorenzenzimmern in der Wolfsklinge. Sie ist vermutlich der Quellbach der Ur-Bühler, die im Verlauf Richtung Südost zuerst den Otterbach, Aulesbach, die Fischach und die Blinde Rot aufnahm, um nördlich der heutigen Stadt Aalen in die Ur-Brenz zu münden. Alle längeren Zuflüsse der Bühler entsprechen in ihrem Lauf noch dieser ursprünglichen Fließrichtung. Für die „moderne" Schmerach ist unterhalb von Oberscheffach Schluss, dort vereinigt sie sich mit der nun rheinischen Bühler.

Über ein breites Kiesbett strömt die Schmerach der Bühler entgegen.

Am Oberlauf teilt sie die weite und flache Wiesen-Aue mit der Maulach, die jedoch nach Osten entwässert. Bis Ilshofen ist die Schmerach ein kaum auffallender Graben inmitten landwirtschaftlich geprägter Landschaft. Bei der Lerchenmühle unterhalb Ilshofens speist sie den Lerchensee mit Wasser, ein beliebter Rastplatz für Entenvögel und bei entsprechend kalter Witterung eine gern besuchte Eislaufbahn. Der Lerchensee erlangte Anfang der 1990er Jahre kurzzeitig eine gewisse Berühmtheit, als sich über mehrere Wochen ein offensichtlich entflogener Flamingo hier aufhielt.

Oberhalb der Kläranlage wurde Ende der 1990er Jahre vom Regierungspräsidium ein Flachwassersee für Naturschutzzwecke in der Schmerachaue geschaffen. Bereits nach kurzer Zeit wurde der See von Zugvögeln angenommen. Bis heute haben Ornithologen, die jeden Tag am See kontrollieren, über 150 Vogelarten dort feststellen können. Ein einzelner Flamingo würde da heute keinerlei Verwunderung mehr hervorrufen.

Die Schmerachklinge zwischen Ilshofen und Oberscheffach ist mit der Grimmbachklinge und dem Kupfertal sicher eine der ursprünglichsten Bachlandschaften Hohenlohes. Wer auf eigenen Füßen die Schmerach hinauf wandert, muss mehr als 15 mal durch das Bachbett laufen – Brücken gibt es keine. Aber ab Juni existieren genügend Behelfsbrücken aus Trittsteinen, die wasserscheue Wanderer angelegt haben und die mit der gleichen Regelmäßigkeit vom Hochwasser der Schmerach wieder zerstört werden. Die schönste Jahreszeit ist sicher

Am 1. Mai kann es auf dem Grillplatz in der Schmerachklinge zu volksfestartigen Auswüchsen kommen.

Der Hohle Lerchensporn, ein zarter Frühblüher am feuchten Talhang.

Anfang Mai, wenn das Blätterdach des Linden-Ahorn-Waldes noch nicht geschlossen ist, und der Waldboden üppig mit den Frühblühern Lerchensporn, Buschwindröschen, Einbeere, Bingelkraut, Bärlauch und Scharbockskraut bedeckt ist. Hin und wieder entdeckt man größere Ansammlungen der Stinkenden Nieswurz, des Türkenbundes oder des unscheinbaren Milzkrautes und des Moschuskrautes. Später im Jahr – bei steigenden Temperaturen – empfiehlt sich die Schmerachklinge als wohltuend kühler Sommerfrischler, ein Grillplatz im unteren Bereich lädt zur Rast. Aber auch im Herbst und im Winter lässt sich mit entsprechender Kleidung eine Wanderung entlang der Schmerach genießen. Auf jeden Fall gewinnt der Stille unter den Naturfreunden mehr als zwei Stunden Ruhe und Natur pur. Mit etwas Glück kann man die scheue Wasseramsel, die Gebirgsstelze oder den hier seltenen Eisvogel bei der Jagd nach Fischen beobachten.

Ilshofen

Ilshofen liegt als „kleine Stadt" an der „großen Straße". War es früher der königliche Fernweg vom Rhein an die Donau, später die Straßen Hall – Rothenburg und Stuttgart – Nürnberg – Prag, ist es heute die Autobahn A 6, die der Stadt den Weg in die weite Welt öffnet. Bereits in der Latène-Zeit war die Gegend um Ilshofen besiedelt, viele Grabhügel in den Wäldchen nördlich des Ortes zeugen noch davon. Nördlich des heutigen Ortes findet sich auch die Flur „Alt Ilshofen". Ob dies auf eine vorfränkische Besiedlung anspielt, ist ungewiss.

Urkundlich erstmals fassbar wird Ulleshoven 938 als Besitz des Baro von Flügelau. Wahrscheinlich auch burg". Ein weiterer Burgenstandort könnte nahe der jetzigen Schule gelegen haben, hier ist noch heute vom „Burggraben" die Rede. Jedoch ist über Erbauer oder Adelsgeschlecht nichts überliefert. Die Wolprecht könnten im 8. oder 9. Jahrhundert hier gesessen und nach Westen expandiert haben.

Als Siedlung findet die Stadt erst wieder 1288 urkundliche Erwähnung, dann im Besitz der Grafen von Lobenhausen. Doch ist die Geschichte Ilshofens eng mit dem Mulachgau verbunden und gehörte zur Herrschaft Flügelau.

Die gleichnamige Burg in der Mulachaue schrieb sich auch Ullesglowe. Die Flügelau lassen sich bereits im 10. Jahrhundert mehrfach urkundlich nachweisen. Die Flügelau werden von den Grafen von

Noch ist Ilshofen auf Expansionskurs: Das neue Baugebiet am Lerchensee.

hunderts erlosch das Grafengeschlecht, und die Hohenloher beerbten sie größtenteils. Den Ort Ilshofen aber mussten sie mit Graf Boppo von Eberstein teilen, der aber bald seinen Anteil an die Hohenlohe verkaufte. Am 7. August 1330 bekam Kraft von Hohenlohe die kaiserliche Erlaubnis, aus Ulleshofen eine Stadt zu machen, mit den Rechten und Freiheiten, wie sie die Stadt Hall genoss. Damit verbunden war das Recht der Ummauerung sowie das Abhalten eines Wochenmarktes.

Durch hohe Verschuldungen waren die Hohenlohe 1398 gezwungen, Ilshofen an die drei Reichsstädte Hall, Rothenburg und Dinkelsbühl zu verkaufen. 1449 und während des 30-jährigen Krieges wurde Ilshofen teilweise zerstört. 1562 kam Ilshofen dann in den alleinigen Besitz der Stadt Hall und wurde damit 1802 württembergisch. Der 2. Weltkrieg brachte wieder große Zerstörungen. Auch die Kirche St. Petronella – die einzige in Baden-Württemberg mit diesem Namen – wurde stark in Mitleidenschaft gezogen.

Das Neue Rathaus und der 1605 erbaute Haller Torturm, der nun zum KULTURm ausgebaut wurde.

in das frühe Mittelalter fällt die Erbauung der Burg Ulleshofen. Eine Wasserburg mit Turmhügel und Vorburg stand bei der heutigen Lerchenmühle in der Schmerachaue. Der künstliche Damm sowie die Burghügel sind noch erhalten, ebenso der Flurname „Ziegen-

Lobenhausen beerbt, die im 13. Jahrhundert den Höhepunkt ihrer Macht erreichten. So finden sich auch nur um diese Zeit Nennungen eines Ortsadels von Ilshoven oder auch Ylßhoven, Ulleshofen. Es waren Ministerialen der Grafen von Lobenhausen. Anfang des 14. Jahr-

Heute expandiert der Ort mehr denn je, große Baugebiete entstehen und Ilshofen ist auf dem besten Weg, echtes Mittelzentrum zwischen Hall und Crailsheim zu werden.

Die Schmerach hat sich tief in die Hohenloher Ebene gefressen (links) und bildet eine noch heute gültige Barriere für den Verkehr. Im Frühjahr bekommt der Waldboden einen grünen Belag aus Bärlauch, Aronstab, Lerchensporn und vielem mehr (rechts). Auf der Talsohle findet man noch völlig naturbelassene Quellbäche (oben), die im Mai von blühendem Bärlauch gesäumt werden. Auch der Lauf der Schmerach ist innerhalb der Klinge nur wenig vom Menschen korrigiert. Im oberen Teil (unten) hat gerade das Wasser genug Platz zum fließen.

Ilshofen 93

Burg Klingenfels

Die Burg Klingenfels lag auf einem Sporn über der Schmerach. Ob der zur Burg gehörige Weiler Steinbächle als Anspielung auf das Steinbach unterhalb der Komburg gedacht war, ist nicht mehr zu ermitteln. Als erstes Adelsgeschlecht tauchen die Aspach auf. Die Herren von Aspach saßen 1096 auf einer Burg an der Schmerach, der Ort Aspach wird schon 1054 als Aptsbach erwähnt. 1384 sind die Aspach als Adel in Hall erwähnt und vermutlich 1549 ausgestorben. Die Klingenfels, die ebenfalls auf einer Burg über der Schmerach saßen, gehören 1138 zu den herrschenden Adelsgeschlechtern im hällischen Raum. Sie sind mit den Krautheim verwandt, das Wappen der Familie enthält den weißen Flügel der Flügelau und Vellberg. Zwischen den Grafen von Löwenstein und den Schenken von Limpurg wird 1251 auch ein Gotfried von Clingenfels genannt. Die Klingenfels waren Reichs-Ministerialen. Im 13. und 14. Jahrhundert verkaufen entweder Klingenfels oder Aspach Teile oder Güter der Burg. Zur Mitte des 14. Jahrhunderts sitzen keine Adelsmänner mehr auf der Burg, Raubritter machen die Gegend von hier aus unsicher.

Als sie 1381 wieder einmal das inzwischen abgegangene Dorf Hertlinsdorf bei Reinsberg plündern wollen, sind die Bewohner durch eine untreu gewordene Magd gewarnt. Aus der Stadt Hall haben sie Landsknechte geholt, um die Räuber dingfest zu machen. Nach erfolgreicher Überrumpelung ziehen die Landsknechte sich die Kleider der Räuber an und reiten im fliegenden Galopp auf die Burg zu. Der Turmwärter glaubt seine Leute zu erkennen und macht das Tor auf – ein schwer wiegender Fehler. Das Raubnest wird gesprengt und alle Gefangenen noch am selben Tage in Hall hingerichtet – so will es die Sage.

Der Volksmund weiß noch von einem Gang zu berichten, der von hier bis auf den Burgberg gehen soll. Die Ruine nebst Gütern kauft Konrad von Klingenfels von Ulrich von Brauneck ab, 1383 sind die Klingenfels als Haller Adel verbürgt. Die Mauersteine der einst großen

Der erste der beiden tiefen Halsgräben der Burg Klingenfels.

Der Zeichner der Haller Chronik zeichnete die Burgen der Aspach und Klingenfels noch nebeneinander.

Burg wurden fast restlos abgetragen und zu anderen Bauten verwendet.

Im Gelände deutlich sichtbar sind noch die beiden tiefen Halsgräben der Wehranlage. Auf der Vorburg sind keinerlei bauliche Reste auszumachen. Auf dem Burghügel der Hauptburg findet man neben dem Schuttwall der Schildmauer einen quadratischen Mauerring des Bergfriedes sowie Vertiefungen des Brückenturmes. Auf der Nordseite möchte man mit viel Fantasie die Vertiefung eines Wehrganges und den rechteckigen Schutthügel des ehemaligen Palas erkennen. Keine Vorstellungskraft braucht man für die Überreste der in den Fels geschlagenen Keller, deren Umrisse am Nordwesteck noch klar zu sehen sind.

Auf der Zeichnung der Chronik Widmanns ist neben der Burg Klingenfels auch die Burg Aspach zu sehen. Gräben und Wälle mögen die damaligen Historiker getäuscht haben, denn an der Stelle, an der die Burg Aspach gemalt ist, wohl eine keltische Fliehburg gestanden, die womöglich im frühen Mittelalter ebenfalls als Fluchtburg genutzt wurde. Die dazugehörige Siedlung vermutet man aufgrund von Grabungsfunden bei Unteraspach.

Im Winter strecken die kahlen Bäume einer Obstwiese bei Steinbächle ihre schwarzen Äste in den Himmel. Wenn der Schnee geschmolzen ist, streckt der Hohle Lerchensporn seine Blüten über die blaugrünen Blätter in der Schmerachklinge.

Geologie

Die Schmerach durchfließt fast dieselben Gesteinshorizonte wie die Bühler, nur in wesentlich kürzerem Lauf. Daher soll sie uns an dieser Stelle Einblick gewähren die jüngere Erdgeschichte im Bereich der Bühler aufzunehmen.

In der nebenstehenden Grafik ist ein idealisiertes Profil der Gesteins-Schichtfolge zu sehen, das es – natürlich – so gar nicht gibt.

Das Gestein, durch dass sich die Bühler im Lauf der Jahrmillionen gefressen hat, entstammt der Erdzeit-Epoche Trias, die von 248 bis vor 208 Millionen Jahren dauerte und in drei Gesteinsfolgen gegliedert ist: Buntsandstein, Muschelkalk und Keuper. Alle diese Steine sind Sedimentgesteine – Ablagerungen eines sich immer wieder verändernden Meeres. An der Grenze zwischen Perm und Trias verschwanden ca. 68 % aller Arten. Zurückzuführen ist dies auf Meteoriteneinschläge, Vulkanausbrüche und Meeresspiegelschwankungen. Der Weltmeeres-Wasserstand war während der Trias niedriger als in allen vorangegangenen Jahrmillionen. Als Besonderheit lässt sich hier das Germanische Becken aufführen.

Ein eigenes Meer
Das Germanische Becken wurde immer wieder vom Weltmeer abgetrennt. Das über 500.000 Quadratkilometer große Binnenmeer

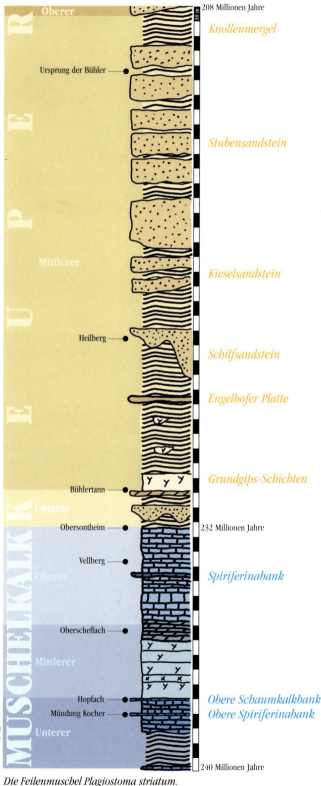

Die Feilenmuschel Plagiostoma striatum.

wurde so von der Entwicklung anderer Organismen der Urweltmeere ausgeschlossen. Süßwasserzufuhr und Verdunstung regelten den Wasserchemismus. Durch dieses ständige Hin und Her, den Wechsel zwischen Land, Meerwasser und Süßwasser entstand eine große Anzahl von Organismen, die heute gut zeitgeschichtlich eingeordnet werden können – als so genannte Leitfossilien. In Trockenzeiten lagerte sich Salz oder Anhydrid durch Verdunsten des Wassers ab, wurde aber später wieder vom Meeresboden überlagert. Dadurch entstand eine vielschichtige Reihenfolge unterschiedlicher Gesteinsformationen, die überall etwas anders gelagert ist.

Den heute noch lebenden Tieren am ähnlichsten dürften die vielen Muscheln sein, die einer ganzen Gesteinsschicht ihren Namen gaben: dem Muschelkalk. Muscheln und Schnecken waren im Trias erfolgreich und eroberten sogar das Land. Die Kopffüßer hatten auf Dauer das Nachsehen und die meisten Arten starben im Lauf der Jahrmillionen aus. Aber nicht alles, was nach Muschel aussieht, war eine Muschel im heutigen Sinn.

Die Terebrateln zum Beispiel sind Armfüßer, Brachyopoden, die es heute noch in wenigen Arten gibt.

Die bei uns im Muschelkalk so häufig zu findenden Ceratiten entwickelten sich im Germanischen Becken besser und schneller als anderswo. Eine Vielzahl endemischer – also nur hier zu findender – Arten entstand im Laufe der Zeit. Wie sie einst gelebt haben, darüber streiten sich die Wissenschaftler bis heute. Eins ist sicher: der erst vor wenigen Jahren als lebender Verwandter entdeckte Nautilus teilt lediglich die äußere Form des Gehäuses mit den Ceratiten. Diese zählen zu den Kopffüßern, hatten also Weichteile, die in einer Schale steckten, und Mundwerkzeuge, mit denen sie womöglich Muscheln knacken oder Algen abweiden konnten. Aber das ist alles Spekulation. Sind sie frei im Wasser geschwommen oder nur torkelnd über den Boden gekrochen? Für beides gibt es Anhaltspunkte – und Gegenargumente.

Völlig fehl geleitet waren unsere Vorfahren, als sie den üppigen Knochenhaufen und den darin sehr selten zu findenden „Blüten" den Namen Seelilie gaben. Der wissenschaftliche Name korrigiert, er spricht von lilienförmig. Die Seelilie ist und war keine Pflanze, die auf einem Stängel Blüten trug, sondern ein räuberisch lebender Stachelhäuter, ein Echioderme. Die vermeintlichen Blütenblätter sind Fangarme, mit denen die Seelilie kleineren Tieren nachstellte. Die Stängel-Segmente sind Knochenglieder, die wie bei einer Wirbelsäule durch eine weiche Haut zusammengehalten wurden. Sie werden meist einzeln gefunden und haben sich als „Bonifaziuspfennige" in den Herzen vieler Naturliebhaber verankert. Bei uns sind sie stellenweise so häufig gewesen, dass sie fast eine ganze Schicht im Muschelkalk ausmachen. Ausgesprochenes Glück gehört dazu, eine der hierzulande auch „Hühnerfüße" betitelten Kronen zu finden.

Der Obere Muschelkalk ist auch Fundstätte der ersten Dinosaurier. Knochen von Nothosaurus sind am häufigsten zu finden, aber auch Schlangenhalssaurier wie der Tanystropheus oder der Pflastersteinsaurier Placodus gigas entstanden bereits in dieser Frühphase der Dinosaurier-Zeit.

Im Keuper sank der Meeresspiegel wieder deutlich ab und es wurden durch Strömungen großer Flüsse verschiedene Sande in unserem Gebiet abgelagert. Im Unteren Keuper und im Schilfsandstein ist an der kleinen runden Form der Sandkörner zu erahnen, dass sie viele hundert Kilometer hinter sich gebracht haben müssen. Sie wurden aus Nordosten zu uns ge-

Die „Blüte" der Seelilie Encrinus liliiformis sind eigentlich Fangarme, denn die „Lilie" ist ein Tier.

Der stark bedornte Steinkern von Ceratites spinosus ist nur selten mit allen filigranen Stacheln erhalten.

schwemmt. Anders die groben und eckigen Sandkörner des Stubensandsteins und des Kieselsandsteins. Sie fanden den relativ kurzen Weg aus Südosten in unser Gebiet.

Stein geworden
Damit wir heute eine Versteinerung finden können, müssen viele glückliche Zufälle zueinander gekommen sein, die man wissenschaftlich mit „Fossilisation" beschreibt. Dabei werden mehrere unterschiedliche Wege zur Versteinerung beschrieben. Verbreitet ist der Steinkern: Nach dem Tod der Schalen tragenden Tiere sinkt das Gehäuse leer auf den Boden. Feinstes Sediment lagert sich strömungsbedingt im Innern des Gehäuses ab. Die so gefüllte Schale wurde von weiterem Material überdeckt, alle organische Substanz wandelte sich um und zurück blieb ein Steinkern, der die Innenseite des Gehäuses zeigt: weder das Tier selbst noch die Schale ist erhalten geblieben, nur die Füllung. Eine Besonderheit ist der Skulptur-Steinkern: Ist das Gestein noch plastisch, wenn sich das Gehäuse auflöst, wird der Außenabdruck auf den Steinkern gepresst. Auch der Abdruck, der durch das völlige Auflösen der Organismen entsteht, zeigt die Außenseite der Gehäuse.

Jagten Paläontologen früher einem möglichst schönen Exemplar nach, gilt es heute, durch eventuell vorhandene Veränderungen in der äußeren Struktur ein möglichst genaues Bild der Lebensumstände dieser ungewöhnlichen Tiere zu bekommen.

Ein anderes Versteinerungsverfahren ist die Verkieselung, eine echte Versteinerung. Als bedeutendstes „Produkt" ist wohl das versteinerte Holz am geläufigsten. Vorhandene mineralische Lösungen – oft Kieselsäure – dringen in das Gewebe ein und imprägnieren es. Bei der anschließenden Mineralisierung bleiben erstaunlich detailgetreue Abbildungen der Pflanzen erhalten, manchmal sind sogar Zellorganelle zu erkennen. Da die so verkieselten Stücke härter sind als der sie umgebende Sandstein, bleiben sie bei der Verwitterung er-

Die fein geschwungenen Lobenlinien dieses Ceratites nodosus sind charakteristisch für alle hier vorkommenden Ceratiten.

halten. Entlang der Bühler kommt versteinertes Holz nur selten vor, etwa zwischen Buch und Anhausen auf den Äckern der Hochfläche. Bei Kottspiel wurde in den vergangenen Jahren ein komplett versteinerter Baumstamm mit 18 m Länge ausgegraben. Er ist heute im Naturkundemuseum in Heilbronn zu bestaunen.

Landschaftsprägend
Die Folge weicher und harter Gesteinsschichten prägt unsere Landschaft bis heute. Die Hohenloher Ebene besteht – grob gesprochen – aus der Oberkante des Oberen Muschelkalkes, von dem der darüber liegende Keuper größtenteils erodiert ist. Der Mittlere Muschelkalk lässt im Tal Schultern entstehen, deren ebeneres Gelände oft landwirtschaftlich genutzt werden kann. Im Süden schließen sich die Keuperberge an, bei denen die jeweils härteste Schicht zu einer Stufe geführt hat. Zwischen diesen steileren Abbruchkanten modellieren sich weiche fließende Hügel des wasserlöslichen Tonmergels oder Lettenkeupers. Im untersten Viertel des Mittleren Keupers befindet sich eine besonders harte Schicht des ansonsten weichen Mergels. Sie ist landschaftsbildend und bekam nach einem Ort im Fischachtal ihren Namen: die Engelhofer Platte. Sie lässt sich über weite Teile der Region nachweisen.

Die Ablagerungen des Keupers, die sich vor rund 208 Millionen Jahren über unser Gebiet ergossen, sind vermutlich die letzten dickeren Schichten. Durch tektonische Hebungen und Senkungen schaute Hohenlohe wohl zu Zeiten von Jura und Kreide aus dem Meer heraus, die Erosion begann.

Ein Tal entsteht
Zum Ende des Pliozäns – vor etwa 3 Millionen Jahren – erhalten die Flüsse ihre heutige Lage und Fließrichtung. 17 Millionen Jahre zuvor sorgte die Einsenkung des Rheingrabens für einen „Streit" der beiden großen Fluss-Systeme in Mitteleuropa: Rhein und Donau. Der Rhein konnte dank stärkerem Gefälle sich „rasch" zur Donau hin vorarbeiten und viele kleinere Flüsse für sich gewinnen. So auch Kocher, Jagst und Bühler. Im Lauf der Zeit fraßen sich die Flüsse durch die von den Urmeeren abgelagerten Gesteinsschichten in die Tiefe. Sie nahmen Geröll mit und lagerten es ab. In diesen Flusssedimenten findet man Zeugen der jüngeren Erdgeschichte: Knochen von Mammut, Wollnashorn und Auerochse.

Am so genannten Pfaffengumpen zwischen Unterscheffach und Hopfach spiegeln sich die Weiden und Erlen in der stillen Wasseroberfläche. Stille Wasser sind tief, weiß der Volksmund, und in diesem tiefen Wasser soll ein Pfarrer aus Reinsberg bei einem im Mittelalter beliebten „Test" sein Leben verloren haben. Heute erinnert an die grausame Tat nichts mehr.

Nach langen regenfreien Perioden verliert auch der Pfaffengumpen das Geheimnis seiner Tiefe, und man kann durch das klare Wasser bis auf den Grund schauen.

Etwa ab der Schmerachmündung durchstößt die Bühler den Mittleren Muschelkalk, der nun eine flachere Schulter an den Talhängen bildet, die sich für die Landwirtschaft eignet. So betätigen sich die Kühe auf den Weiden als Land-Art Künstler, indem sie den Hang stufenförmig ausbilden. Leider verschwinden mit der Weidekuhhaltung solche Land-schaftsformen fast völlig. Nur in den Tälern, wo die Hänge zu nichts anderem nütze sind, gibt es sie noch. Auf den Wiesen und Weiden geht der Graureiher (rechts) seinem Nahrungserwerb nach.

Das nun weitere und wärmere Tal lässt auch wieder Obstbäume zu. Kaum denkbar, dass bis ins 17. Jahrhundert der Weinbau hier noch stattgefunden hat.

Die Fettwiesen kleiden sich im Frühjahr stolz mit ihrem rosa Kleid aus Wiesenschaumkraut.

Unterscheffach

Seine Anfänge nahm Unterscheffach wahrscheinlich bereits im 8. Jahrhundert. Zuerst unterstanden die Siedler dem Pfarrsprengel der Martinskirche auf der Stöckenburg, dann wurden sie nach Anhausen umgepfarrt, bis 990 in Reinsberg eine eigene Pfarrei gestiftet und wenig später die Kapelle in Unterscheffach erbaut wurde.

Der Ort ist untrennbar mit der Geschichte der Adelsfamilie Scheffau verbunden, die bereits im 11. Jahrhundert mehrfach urkundlich erwähnt wird. Als Erbauer der Hangburg östlich oberhalb von Unterscheffach im 10. Jahrhundert lagen sie im ständigen Wettstreit mit den Komburgern, obwohl sie Bielrietsche Dienstleute waren.

Die Scheffau haben schon früh verstanden, wie man seinen Eigenbesitz durch Heirat mehrt. Enge verwandtschaftliche Beziehungen bestanden zu den Klingenfels, Hohenstein und Berler/Geyer.

Die Wasserburg unterhalb der Kapelle hat vermutlich nur Scheffauer Dienstmannen gedient und könnte Mitte des 13. Jahrhunderts entstanden sein. Ihre Besitzungen in und um Scheffau haben sie jedoch noch lange behalten, Verkäufe sind zwischen dem 14. und 16. Jahrhundert beurkundet. 1328 wurden zwei Fischrechte an der Bühler dem Kloster Komburg geschenkt. Auch die Unterscheffacher Gastwirtschaft taucht bereits in einem Kaufvertrag von 1414 auf.

Zwischen den beiden Pfarrsprengeln Reinsberg und Tüngental gelegen, erfüllte Unterscheffach bereits früh eine wichtige Versorgungsfunktion in Form einer Mühle. Die Größe der heutigen Mühlenanlagen gibt einen guten Eindruck von der wirtschaftlichen Potenz des im 19. Jahrhundert zum Industriezweig ausgebauten Mühlenwesens.

Fünf oder sieben Bauern, ein paar Taglöhner, Handwerker und Arbeiter – fertig ist ein kleiner Weiler. Die obligatorische Wirtschaft darf auch nicht fehlen.

Und im Hohenlohischen natürlich ein Schloss und mindestens eine Kapelle. All dies hat Unterscheffach sich bis heute bewahrt, auch wenn die Wirtschaft nicht mehr offen hat und das Schloss eine Ruine ist.

Kirche zu Allen Heiligen

Die Kapelle (rechts) hat ihren Ursprung im beginnenden 11. Jahrhundert und ist eine der ältesten erhaltenen Kirchen in Baden-Württemberg. Erwähnt wird sie erst 1421, doch wird heute allgemein davon ausgegangen, dass die als Burgkapelle dienende Kirche etwa 1000 Jahre alt ist.

Die Westempore (unten) ist reich bemalt, zeigt die Wappen der Reichsstadt Hall und der Scheffau, Ranken, Weinstöcke und die Jahreszahl 1521. Mitte des 19. Jahrhunderts wurde die Kirche profaniert, 1971 renoviert.

In der Anfangszeit besaß die Kapelle nur eine Apsis, später wurden Turm und Turmchor angebaut. Als Besonderheit besitzt die Allerheiligenkapelle eine kleine Tabernakelnische.

An der sandsteinernen Einfassung des Eingangs fallen dem Besucher tiefe Scharten auf. Sie stammen von den Schwertern durchziehender Ritter. Sie haben sich nicht etwa gewaltsam Zutritt zur Kirche verschaffen wollen, sie haben sich als Andenken ein wenig Steinpulver aus der Kirche geschabt und in einem Ledersäckchen aufgehoben.

Burg Scheffau

Die erste urkundliche Erwähnung eines Scheffauer Adelsgeschlechts findet sich 1078 bei Marholdus de Scevovve, einem Dienstmann der Edelfreien von Bielriet. Die Scheffau waren eines der ältesten, einflussreichsten und später auch wohlhabendsten Geschlechter des Haller Ortsadels. Dies wird nicht nur in der häufigen Nennung von Familienmitgliedern deutlich, sondern auch in ihren Positionen. So war der 1241 gestorbene Heinrich von Scheffau oder Münkheim Abt in Komburg, 1292 findet sich der Güldner Rugger von Scheffau in Hall, 1305 Gertrud von Scheffau Nonne in Gnadental, ihr Bruder Heinrich 1322 in der Kommentur des Johanniterspitals und gleichzeitig Vasall von Lobenhausen, Fritz von Scheffau 1339 Vasall von Weinsberg und im Besitz von Hohenberg mit Vogtei, 1344 bis 1365 ist Konrad von Münkheim Abt in Komburg und führt Fehden mit Hall, Limpurg und Hohenlohe. Ein Weinberg in Scheffau verkauft 1391 die Witwe des Kunz (Konrad) von Scheffau, eine Elisabeth von Klingenfels. Der letzte von Scheffau ist 1388 ein Kunz oder Konrad von Scheffau. 1470 verkauft Anna Geyer, Witwe von Heinrich Berler mit ihren Söhnen Heinrich und Jörg Berler den Burgstadel östlich oberhalb Unterscheffachs samt zwei Gütern an die Frühmesse der Allerheiligenkapelle in Unterscheffach. Zu dieser Zeit hat vermutlich keine der drei Burgen mehr bestanden. Der Name Scheffau als Adelsgeschlecht taucht nach 1457 nicht mehr auf.

Es ist sicher kein Zufall, wenn die Scheffau nach dem Untergang der Bielriet zwischen 1220 und 1250 nach Münkheim ziehen und auch die Erbauung der Burg Reinsberg in diese Zeit fällt. Die Scheffau haben wohl im Wettstreit mit ihrer Herrschaft und den Komburgern gelegen. Nachdem diese in Reinsberg 990 eine Pfarrei gestiftet hatten, bauten die Scheffau nach dem Vorbild der Bielriet eine Kapelle, die Komburger ziehen 1050 mit einem hölzernen Kirchenbau in Reinsberg nach.

In der Haller Chronik von Widmann wird ein Sebastian Thumas zitiert, der die damals bereits seit langem abgegangenen Burgen um Scheffau folgendermaßen beschreibt: „*... an der Schmerach zuvorderst des Knocks gegen Reinsperg zu bey der unndern mülen,*

stracks über die Byler hinüber ..." habe eine Burg gestanden, von der man noch Gräben „*... unnd den Buck der behausung, auch etlich vil mauerstein ...*" gesehen hat. Eine weitere Burg „*... inn der Schmerach uff der seiten oberhalb dem weg uff Aspach zu ...*" ist entweder die vorgeschichtliche Fliehburg, oder eine Burg der Scheffau bei Stadel.

Die Zeichnung, die sich in der Widmannschen Chronik findet, zeigt drei Burgen (oben): Die älteste Burg östlich oberhalb des Weilers ist nur als einfache Spornburg dargestellt (oben Mitte). Das Wasserhaus (links) ist noch unversehrt gezeichnet, da man zu Zeiten der Niederschrift zumindest noch einen Turmstumpf gesehen hat. Die dritte Burg (rechts), auf halber Höhe und östlich der beiden anderen gibt bis heute Rätsel auf.

Unterhalb der Kapelle ist noch eine Senke zu sehen, die Teil des einstigen Burggrabens ist. In trockenen Jahren wird der Grundriss des befestigten Turmes am nördlichen Rand der Grube sichtbar.

Noch heute schaut in trockenen Jahren der Turmstumpf aus der Wiese: als brauner, 6 x 6 m großer, rechteckiger Mauerstumpf.

Reinsberg

Die Pfarrei Reinsburg wurde um 990 von den Grafen von Komburg gestiftet, die mit Emehard von Komburg 1050 auch eine Kirche hinzufügten. Papst Innozenz bestätigte die Pfarrei 1248. Die ersten Herren von Reinwoltesberg sind 1168 urkundlich in Erscheinung getreten. Dass die Bewohner von Reinsberg nicht die Ärmsten waren, bezeugt der Bau einer Badstube im Jahr 1413. Damals war es üblich, sich vor Sonn- und Feiertagen ausgiebig zu waschen. Erst im späteren Mittelalter kam die Unsitte auf, sich nicht mehr allzuoft zu waschen, da hierdurch die Aufnahme von Krankheitserregern beschleunigt würde. Das älteste Haus Reinsbergs ist das 1491 erbaute Pfarrhaus, mit gut einem Meter dicken Mauern. Bereits 1609 verfügt Reinsberg über ein Schulhaus, doch durch den Ausbau der Cröffelbacher Steige verliert der Ort zugunsten Wolpertshausen an Bedeutung.

Interessant ist, dass in Reinsberg wohl öfter als anderswo streitbare Pfarrer gesessen haben. Das mag daran gelegen haben, dass die Pfarrei hoch dotiert und eine der begehrtesten im Bezirk war. Ab 1480 stellte die Familie Herolt 88 Jahre lang in drei Generationen den Pfarrer, was bei Geschichtsschreibern teilweise zu Verwirrung geführt hat, da Johann Herolt der Ältere zuerst, und danach sein Sohn Johann Herolt der Jüngere die Stelle innehatte, der wiederum von seinem Sohn Simon beerbt wurde. Herolt der Jüngere war es auch, der 1522 zum evangelischen Glauben übertrat und schon 1529 als einer der Ersten das Zölibat niederlegte. 1529 heiratete er nach heidnischem Brauch an einem Dienstag seine Frau Lucia Seybot aus Gelbingen. Trauzeugen waren Johannes Brenz und der Haller Pfarrer Eisenmenger. Seine Frau verstarb 1547 nach der Geburt des 10. Kindes am Spanischen Kopfweh, einer Grippe, die spanische Söldner ins Land gebracht hatten. Ihr Grabstein ist der erste einer evangelischen Pfarrfrau in Württemberg. Nach seinem Übertritt zu den Lehren Luthers schaffte Herolt die Messe ab und führte den Kindergottesdienst ein. Da in den Wirren der Reformation das Kapitel der

Reinsberger Kirche aufgelöst wurde, suchten die Haller vergeblich, sich die Reinsberger Kirche einzuverleiben. Ihr Antrag wurde von den katholischen Pfarrern der Herrschaft Limpurg abgelehnt. 1548 bat der Würzburger Bischof erneut Pfarrer Herolt – unter vorläufiger Duldung der Priesterehe – das Kapitel wieder zu gründen. So amtierte Herolt bis zu seinem Tode als Dekan in Reinsberg. Sein Vater Johann Herolt der Ältere war schon zuvor Dekan des Haller Landkapitels und Amtmann der Oblay Stein-

kirchen gewesen und übte das Amt des Notars aus, alles neben seiner Stelle in Reinsberg. Er war ein tüchtiger, weltoffener und – wen wundert's in Hohenlohe – ein schlitzohriger Mann. Vor dem Rat der Stadt Hall vertrat er die Interessen der Pfarrmaiden, der heutigen so genannten Haushälterinnen. Dass er damals schon die Beziehung zwischen Pfarrer und Pfarrmaid offener sah als die Kirche es zuließ, sieht man aus seinem Kommentar: Einige Bürger hatten verlangt, Pfarrmaiden sollten kurze Röcke tragen, damit sie weithin als leichtfertige Frauen von ehrbaren zu unterscheiden waren. Pfarrer Herolt stimmte dem zu, wenn die Pfarrmaiden in der Kirche die allervordersten Plätze bekämen, damit man sähe, wer zueinander gehört. Der Antrag wurde alsdann zurückgezogen. Johann Herolt der Jüngere tat sich auch als Chronist seiner Zeit hervor, er schrieb die Chronik über das schwäbisch-hällische Gebiet, die 1541 veröffentlicht wurde, und verfasste das Zins- und Gültbüchlein. Pfarrer Herolt der Jüngere war auch der erste Pfarrer, der ein Kirchenbuch einführte – beginnend mit seiner eigenen Heirat 1529. Erst 30 Jahre später ordnete der Rat der Stadt Hall das Führen von Kirchenbüchern an.

Um die Bedeutung der Familie Herolt noch zu unterstreichen, sei hier erlaubt, aus der 1998 erschienenen Chronik von Wolpertshausen zu zitieren: „*Nachforschungen von Herrn Dr. Wunder und Herrn Dr. Werner Bauer (Stammhaus Ludwig Otterbach, Reinsberg) haben ergeben, daß sich nicht nur ihre Vorfahren, sondern auch die von Goethe, Karl Julius Weber, Eduard Mörike und Altbundespräsident Richard von Weizsäcker auf die Familie Herolt zurückverfolgen lassen.*"

Hundert Jahre zuvor war die Pfarrei Reinsberg Anlass für Streitigkeiten zwischen Hall und dem Markgrafen von Ansbach, die sehr viel Zerstörung zur Folge hatten. Der Grund war dieser: Als 1433 die Pfarrei durch Tod des Amtsinhabers verwaist war, übertrug der Abt von Komburg auf Drängen eines Salzsieders die Stelle an dessen Sohn. Da der Vorgänger jedoch in einem Papstmonat verstorben war, erschien auch ein vom Würzburger Bischof ernannter Pfarrer aus der Markgrafschaft Ansbach. Die bei-

den stritten sich, der Haller zog von dannen, kehrte mit einer Meute Bauern zurück, packte den markgräflichen Pfarrer und ließ ihn einem damals oft praktizierten „Gottesurteil" unterziehen. Gefesselt und – vorsorglich – die Taschen voller Steine wurde der markgräfliche Pfarrer so lange durch die tiefste Stelle der Bühler geführt, bis eine Entscheidung „durch Gottes Hand" herbeigeführt war. Der Überlieferung nach konnte sich der Proband mit letzter Hilfe ans Ufer retten, wurde aber durch einen Stein getroffen und fiel zurück in die Bühler, wo er ertrank. Damit war die Rechtmäßigkeit des Haller Pfarrers erzwungenermaßen herbeigeführt. Normalerweise wurden der Hexerei angeklagte Menschen dieser Prozedur unterworfen, deren Ausgang immer tödlich endete – wer ertrank, war unschuldig, wer durch Hexenkräfte überlebte, wurde anschließend verbrannt. Die Stelle an der Bühler zwischen Hopfach und Unterscheffach heißt heute noch „Pfaffengumpen". Der Bruder des Ertränkten war ein Dienstmann Conrad von Bebenburgs, der sowieso nicht gut auf die Haller zu sprechen war. Aus Rache zog er in das Dorf Reinsberg, plünderte, mordete und vergewaltigte. Die Haller wiederum bekamen von der Tat Nachricht, eilten zu Hilfe und nahmen 21 Bebenburger gefangen und erhängten sie am Tag nach Nikolai 1434. Die daraus entstandenen Händel waren noch blutiger, viele Dörfer wurden vernichtet, bis die Fehde 1446 ein Ende nahm.

Über einen Pfarrer aus Reinsberg, der seiner Schweigepflicht nicht nachkam und dadurch den Tod fand, berichtet der Haller Chronist German: „*Am 19. August 1633 ließ der Rat den Georg Däuber von Hohenberg bei Reinsberg wegen Sodomiterei mit dem Schwert richten und verbrennen. Der Pfarrer von Reinsberg aber, der das Vergehen, das ihm in der Beichte anvertraut war, ausgesagt hatte, wurde bald darauf erschossen. Der Oberst Kronberger hatte nämlich seinen Rottenmeistern versprochen, wer den Pfarrer von Reinsberg erschieße, solle Offizier werden.*"

Burg Reinsberg

Hinter dem Dorfe, oberhalb Scheffach, stand die Burg Reinsberg, wo die Herren von Reinwoldsberg saßen, welche zu den ersten Wohlthätern Comburgs gezählt werden.

Oberamtsbeschreibung Hall, 1848

Als Bielrietsche Dienstmannen stiften auch die Reinoltsberg 1085 einen Teil ihres Lehensbesitzes an das Kloster Komburg. Die enge Beziehung zum Rothenburger Grafenhaus zeigt sich in den vorhergegangenen Stiftungen, die von den

Einige Interessierte haben durch eine unerlaubte Grabung Steine einer Wand in der Vorburg freigelegt.

Grafen gemacht wurden. Sie stiften um 990 die Pfarrei Reinsberg, 1050 kommt durch Graf Emehard von Komburg eine Kirche hinzu. Urkundlich fassbar wird das Reinsberger Adelsgeschlecht aber erst 1168. Zu dieser Zeit haben sie womöglich auf einer Turmhügelburg in der Nähe des Ortes gesessen. 1405 stimmt ein Nikolaus von Reinoltsberg einer Verlegung der Pfründe der Cröffelbacher St. Ulrichskapelle nach Hall zu. Ein 1420 beurkundeter Fritz von Reinwoldberg muss bereits auf dem Amtssitz im Dorf oder in Hall gesessen haben. Hans von Reinsberg soll Hall reiche Schenkungen gemacht haben, aber hierzu ist keine Jahreszahl überliefert.

Burg Reinsberg (links) mit Ort (Mitte) und der vermutlich ersten Burg (rechts).

1521 verkauft Graf von Riechzingen, Dekan in Komburg, das Dorf Reinsberg an die Reichsstadt Hall. Die Burg Reinsberg ist der Anlage nach wahrscheinlich vor Mitte des 13. Jahrhunderts entstanden und ist nach der Burg Bielriet die größte Anlage im Unteren Bühlertal. Vermutlich wurde sie bereits Ende des 14. Jahrhunderts zugunsten eines bequemeren Amtssitzes im Ort aufgegeben. Im Streit um die Pfarrei 1445 wird der Amtssitz nördlich der Kirche niedergebrannt und spätestens 1491 wieder aufgebaut. Die gut einen Meter dicken Mauern zeugen noch davon. Doch schon kurze Zeit danach müssen die Reinwoltsberg ausgestorben sein, ihr Amtssitz wird Pfarrhaus.

Die Ruine der Burg wurde bereits 1413 abgebrochen und mit den Steinen der neue Amtssitz, das Badhaus und einige Keller in Reinsberg erbaut. In nachfolgender Zeit kommt die Burgstelle nur noch als Burgstadel vor. Die zwischen Burg und Ort gelegenen Ländereien tragen noch heute den Flurnamen „Burgstadel". Die Chronik des Haller Widmann bietet eine Zeichnung (oben), die sich mit dem noch im Gelände Sichtbaren deckt. Demnach ist die östlich gelegene Burgstelle die ältere, in der Zeichnung nur als primitiver Burgfried dargestellt, da das Wissen um diese Burgstelle auch im 16. Jahrhundert bereits erloschen war. Später wurde durch Steinbrucharbeiten eine weitere Forschung an dieser Stelle unterbunden.

Heute ist an der Ruine Reinsberg noch der tiefe Halsgraben gut zu erkennen, der die Burg vom Bergsporn trennt, sowie die Unterteilung in Vorburg und Hauptburg. An der südlichen Grabenkante sind heute noch Mauerreste und zwei Schießscharten erkennbar, an der nördlichen Grabenkante Mauerreste und der Schutthügel der ehemaligen Schildmauer.

Die Burg Reinsberg aber „lebt" wie so viele Burgen des Mittelalters im Ort weiter. Wer aufmerksam durch die Straßen Reinsbergs geht, kann hier und da noch die alten, behauenen Muschelkalkquader erkenne

Hopfach

Der Ort Hopfach – Hopfen-Aue – ist ein Mühlenort, wie fast alle Siedlungen im Bühlertal. Der Name rührt – da der Ort älter ist als der planmäßige Hopfenanbau in unserer Region – eher vom hier auffällig häufigen Hopfen. Der wilde Hopfen ist eine Schlingpflanze der Auen und bei uns auch heute noch häufig anzutreffen. Man kann davon ausgehen, dass für den anfänglich geringen Bedarf an Bier der wild wachsende Hopfen ausreichte, zumal durch die Ernte der Wuchs gefördert wurde und wesentlich mehr Auwald da war als heute. Erst mit steigendem Bierkonsum Ende des 19. Jahrhunderts wurde Hopfen auch als Feldfrucht angebaut.

Der Ort gehört bereits um 1000 zur Herrschaft Bielriet, und 1268 taucht auch der Name Hopfau in den schriftlichen Überlieferungen auf. Die erste Mühle dürfte hier im Zusammenhang mit der Burg Hopfach etwa Mitte des 12. Jahrhunderts entstanden sein. Die erste urkundliche Erwähnung einer Mühle stammt aus dem Jahr 1407. Der Kaplan Hans Knopf aus Hall kauft die Mühle von Conz Adelmann, um sie sofort als Pfründe an den heiligen Kreuzaltar in der Michaelskirche zu schenken.

Für 1399 sind zwei Keltern im Ort angegeben, wovon eine nahe einer Mühle gestanden haben soll. Der Weinanbau ist hier noch bis in das Jahr 1750 bezeugt. Doch schon der Haller Chronist German bemerkt, dass in schlechten Jahren im Hällischen *„… der Wein so sauer ward, daß er selbst den Essig verdarb"*. Ähnlich wird es dem Bühlertaler Getränk ergangen sein.

Eine weitere Mühle befand sich etwas bühlerabwärts. Es war eine Lohmühle, die Eichenrinde zu Lohe vermahlen hat. Die auf den Steinriegeln an den Südhängen wachsenden Eichen wurden im Alter von 8–12 Jahren geschält. Dies war ein guter Zusatzverdienst für die ärmere Bevölkerung. Die Lohe wurde von den Gerbern benötigt, um die Tierhäute zu gerben.

Die Mühle Thumm inmitten des Ortes hat eine industrielle Karriere ohnegleichen im Bühlertal hinter sich. Noch 1886 ein einfaches Mühlgebäude, entstanden bis 1946 die heute noch existierenden großen Gebäude und Lagerhallen entlang der Straße und in der Bühleraue. Neue Häuser für Arbeiter wurden erbaut und die Einwohnerzahl Hopfachs vergrößerte sich beträchtlich. Für kurze Zeit entstand sogar ein Gemischtwarengeschäft und eine Zahlstelle der Wolpertshausener Bank. Nach dem Konkurs der Firma Thumm 1968 wurden auch diese Einrichtungen wieder aufgegeben. In den vorhandenen Gebäuden richtete sich ein Saunabetrieb ein, später folgte die Hopfacher Holzwerkstatt, ein Antiquitätenhändler, eine Maschinenfabrik und eine Motorradhandlung. Im Mühlengebäude wurden Wohnungen eingerichtet, die Halle wird als Reithalle und Stallung verwendet und die Velag nutzt bis heute den Getreidespeicher der ehemaligen Mühle.

Das Gasthaus „Zur Traube" war mit seiner guten Küche und den gemütlichen Räumen weithin bekannt. Bis in die 1970er Jahre wurde es gerne zur Einkehr aufgesucht. Die Gasthaustradition in Hopfach reicht Jahrhunderte zurück.

Wohl auch der Reform-Geist: Die Enkelin des um 1500 genannten Müllers Kaspar Rößler heiratete den Haller Reformator Johannes Brenz. Ein anderer Enkel des Müllers war gar als Wiedertäufer bekannt. Melchior Hofmann wirkte vor allem im Gebiet des Deutschen Ordens im Baltikum, in Dänemark, Norddeutschland, Holland und im Elsass. Mit Martin Luther konnte er sich in Glaubensfragen jedoch nicht in allen Punkten einigen.

Das Dorf Hopfach liegt am flacheren Südhang in sonniger Lage. Die Mühle mit ihren großen Bauten beherrscht noch immer das Ortsbild.

Burg Hopfach

Eine Burg bei Hopfach bewohnten die Adelsleute von Brunnen, auch Brunn oder Hopfau, die Bielrietsche Vasallen waren. Um 1000 gehören Burg und Weiler zur Herrschaft Bielriet. Das Geschlecht taucht überwiegend im 13. Jahrhundert auf und ist für diese Zeit auch als Adel in Hall verbürgt. Der letzte ist ein Heinrich von Brunn 1314, der schon 1286 als „plebanus de Munster" – Bürger zu Münster (bei Gaildorf) Erwähnung findet.

Conz von Hopfach bewohnte ein steinernes Haus gegenüber der Kirche in Tüngental, das er 1286 dem Kloster Komburg schenkt. Um ihre Burg oder gar Burgen ranken sich Geheimnisse. So sollen laut der Oberamtsbeschreibung Hall von 1847 noch kolossale Mauerreste nördlich des Ortes auf einem Bergsporn zu finden sein, die allerdings ganz überwachsen sind. Auch Wall und Graben seien noch sichtbar.

Wer heute in den Wald in der Flur „Himmelreich" auf dem Eichelberg geht, findet einen zauberhaften Märchenwald (rechts) mit einer riesigen Verwerfung vor, die tatsächlich den Eindruck eines Burggrabens einer wahrhaft gigantischen Burg erwecken könnte. Dass diese Verwerfung schon zu Zeiten des Burgenbaus im Bühlertal bestanden hat, steht außer Zweifel. Dass man früher solche natürlichen Hindernisse genutzt hätte ebenfalls. Der die Burg vom Berg trennende Graben ist über 250 m lang – die Burgfläche würde fast 8000 qm betragen – wahrhaft gigantische Ausmaße. Eine solche Riesen-Burg und deren Erbauer hätten sich in Sagen und Geschichten niederschlagen müssen, jedenfalls mehr hinterlassen, als ein paar Namensnennungen und eine vage Ortsbeschreibung. Dieser auch auf vielen Karten eingezeichnete Burgplatz gehört also eher ins Reich der Märchen.

Auf dem Bergsporn östlich von Hopfach soll ebenfalls eine Burg gestanden haben. Wer hier heute nachschaut, findet zumindest den Ansatz eines einfachen Burggrabens, sowie eine der Größe nach denkbare Burgstelle vor. Die Eigenheit unseres Muschelkalkes, in mauersteinähnliche Bruchstücke zu zerfallen, hat schon oft die Bevölkerung irregeführt. Echte Mauerreste sind auch hier nicht zu finden.

Die mächtige Verwerfung wurde lange Zeit für einen Burggraben gehalten.

Dafür kann aber der Steinbedarf der umliegenden Bevölkerung gesorgt haben, so wie das bei vielen anderen Bauwerken auch der Fall war. Sicher ist nur, dass dies der wahrscheinlichere Platz für eine mittelalterliche Vasallen-Burg ist. Auch die Abbildung in der Widmannschen Chronik von 1544 zeigt eine einfache Burg ohne Bergfried auf der östlichen Seite Hopfachs. Demnach bestand die Burg lediglich aus Pallas (Wohngebäude, links) und Stadel (Wirtschaftsgebäude, Vorratskammer) sowie einer einfachen Mauer. Auch wenn die Widmannschen Zeichnungen stilisiert sind, beinhalten sie doch meist einen wahren Kern.

An sonnigen und trockenen Stellen wächst das Purpur-Knabenkraut.

Die lichten Hainbuchen-Wälder (rechts) an der sonnigeren Hangkante des Bühlertales haben eine reiche Pflanzenwelt.

Besonders schön ist es hier im Frühjahr, wenn tausende von Buschwindröschen (unten links) den Boden mit ihren weißen Sternen bedecken. Dazu kommen die blauvioletten Flecken der Leberblümchen (Mitte links).

Wenn sich das Blätterdach langsam schließt, entrollen die Farne (unten rechts) ihre Wedel.

Nun kommen auch die Orchideen langsam aus dem Boden und öffnen ihre Blütenpracht. Hier am Bühlerhang befand sich das einzige historische Vorkommen des Frauenschuhs. Leider ist diese bei uns seltene Orchidee durch Ausgraben bereits verschwunden.

Auch der Steinkauz hatte hier einen seiner letzten Brutplätze im Landkreis Schwäbisch Hall.

Wolpertshausen

Das Klima ist auf der Höhe etwas rauh. Hauptnahrung ist Viehzucht und Landbau. der letztere zeichnet sich nicht aus; doch ist des starken Repsbaues zu gedenken; dagegen hat die Gemeinde fast den größten Viehbestand und es werden der Viehzucht und Mastung wegen die Wiesen und Futterkräuter besonders gepflegt. Der Handel mit Mastochsen, fetten Hammeln und Schmalvieh ist lebhaft. Die Gebäude sind in den Orten auf der Hochebene, wo auch Wohlstand herrscht, sehr stattlich.

Oberamtsbeschreibung Hall, 1848

Wolpertshausen zieht sich entlang eines Bergrückens und der Bundesstraße 14.

Wolpertshausen ist die Gründung eines Adels Wohlbrecht oder Wolprecht, der auch auf der anderen Bühlerseite mit dem Ort Wolpertsdorf seinen Namen hinterlassen hat. Dies sind allerdings die einzigen Spuren dieses frühmittelalterlichen Adelsgeschlechts. Über den Sitz kann man nur spekulieren, denkbar wäre die Ziegenburg am westlichen Rand von Ilshofen. Sicher gehörten die Wolprecht zu den engeren Vertrauten der Grafen von Rothenburg, denn sie wurden im ausgehenden 10. Jahrhundert direkt von den Bielriet beerbt.

Die Gründung des Ortes dürfte spätestens zu Beginn des 9. Jahrhunderts stattgefunden haben. Die fränkische Königsstraße Heilbronn – Nürnberg lief direkt durch den Ort und bot Chancen für Einkünfte ebenso wie für Sicherheit und Unterhaltung Verantwortliche gebraucht wurden. Dass es sich dabei um eine nutzenorientierte Siedlung gehandelt hat, kann man daraus ersehen, dass die Wolpertshauser Kirchgänger noch immer nach Reinsberg gehen müssen. Die ersten Einrichtungen im wachsenden Dorf werden neben Landwirten ein Gasthaus und ein Schmied gewesen sein.

Mit dem Kauf der Burg Bielriet 1395 wird auch Wolpertshausen hällisch. Doch sind neben der Stadt Hall noch viele Adelsleute und Bürger hier begütert, so vor allem die von Stetten, von Eltershofen und von Morstein.

Im Jahre 1442 wurden einige von Kirchberg kommende Haller Ratsherren in einem Birkenwald östlich des Dorfes überfallen. Die Stadt Hall ließ daraufhin das Wäldchen roden und zu Ackerland machen. Den Zehnten bekam die Pfarrei Reinsberg. Zwei Jahre später wurden im Städtekrieg bei Wolpertshausen 15 Haller Kriegsknechte erschlagen. Da die Kirchhöfe Reinsberg, Haßfelden und Ilshofen durch Kriegshandlungen entweiht waren, wurden die Toten in Tüngental begraben. Ein zur Erinnerung daran 1450 aufgestellter Bildstock ist mit Einführung der Reformation verschwunden. Der Flurname Bildäcker erinnert heute noch an den Standort.

Auch der Flurname Schießmauer hält die Erinnerung an eine längst vergangene Begebenheit wach. Als die Reichsstadt Hall die Bürger von Wolpertshausen 1626 zur besseren Verteidigung mit Feuerwaffen ausstattet, verlangt sie auch regelmäßig durchzuführende Übungen. Zu diesem Zweck wird eine Schießanlage gebaut. Geschossen wird auf Schießscheiben, die Mauer verhindert ein versehentliches Umherirren der Kugeln.

Die Familie Bühler bestimmte spätestens ab dem 17. Jahrhundert die Geschicke des Ortes wesentlich mit. Johann Georg Bühler war 1649 nicht nur Bauer und Wirt des Ortes, sondern auch Schultheiß. Die Gastwirtschaft zur Sonne florierte und wurde 1777 vergrößert. Seitdem steht das eindrucksvolle Haus gegenüber dem Rathaus mit unverändertem Grundriss. Neben der Gaststube waren noch ein Tanzsaal, eine Bierbrauerei, eine Branntwein-Brennerei und ein großer Pferdestall in den Gebäudekomplex integriert. 1888 baute man eine Kegelbahn mit Trinkhalle an. Später kam noch eine Poststelle und das Telegraphenamt hinzu, von 1892 bis 1933 wurde auch die Spar- und

Darlehenskasse im Hause Bühler eingerichtet. Auf Bühler'schem Grund wurden auch die Molkerei, das Waaghäusle, das Rathaus und der Farrenstall erbaut.

Heute residiert die Bäuerliche Erzeugergemeinschaft in den Räumen des altehrwürdigen Gasthofs. Die Familien Bühler aus Wolpertshausen und Cröffelbach hatten bereits im Mittelalter gewisse Freiheiten, die es den Familienangehörigen erlaubten zu reisen. Zu dieser Zeit war das nicht jedem vergönnt. Sie wurden auch für Botengänge und diplomatische Dienste der Obrigkeit eingesetzt und sahen so schon früh die Welt. Heute ist der Name Bühler weltweit verbreitet.

Nach einem Gewitterregen steigen dichte Nebel aus dem Bühlertal empor.

Die 1879 schnurgerade ausgebaute Verbindungsstraße nach Reinsberg schnitt den im See lebenden Amphibien den Weg zum nahen Wald ab. Freilich gerieten sie erst mit dem modernen Autoverkehr dadurch in Bedrängnis.

Haßfelden

Nur durch andere Herrschaftsverhältnisse ist zu erklären, warum kaum mehr als einen Kilometer von Wolpertshausen entfernt ein Dorf mit eigener Kirche emporwachsen konnte. Da die Pfarrer von Haßfelden denen von Reinsberg in ihren Geschichten kaum nachstanden, sei es hier erlaubt, auch diesen bühlerfernen Ort näher zu beleuchten.

Die ursprünglichen Schreibweisen Hastolzvelt, Hastoldesvelden, Hastißfelden, Histolestat bringen uns zu dem ehemaligen Ortsgründer namens Hasto. Die erste urkundliche Erwähnung stammt aus dem Jahr 1090. Mitte des 13. Jahrhunderts waren die Neuenstein hier begütert und gaben ihre Besitzungen in den Schutz des Deutschen Ordens in Mergentheim.

Zur Reformationszeit war Georg Ulmer Pfarrer in Haßfelden. Er war ein Querdenker – heute würde man wahrscheinlich Querulant dazu sagen. Als er einmal wahrnehmen musste, dass der Dorfbrunnen verunreinigt war, pinkelte er in aller Öffentlichkeit hinein, um die Bauern zu zwingen, den Brunnen zu säubern. Sein schreiendes Kleinkind hängte er an einem Sonntag an einem Nagel – an einen Strick gebunden – aus dem Fenster, um seine Pfarrmaid an ihre Pflichten zu erinnern, die auf der Gasse einen Schwatz hielt. Er wurde vom Rat der Stadt Hall 1525 in den Faulturm verbracht, weil er in einer Predigt Jesus als Bankert (uneheliches Kind) bezeichnet hatte, da er zwar eine Mutter, aber keinen Vater hätte. Dies wäre sein Ende gewesen, denn normalerweise kam man nur tot aus dem Faulturm heraus. Durch den Einsatz von Johannes Brenz, mit dem er ebenfalls im Streit lag, kam er wieder frei. Er musste aber seinen Wohnort wechseln.

Aus Haßfelden dürfte wohl auch der einzige Pfarrer stammen, der während einer Predigt auf der Kanzel von einem Blitz erschlagen wurde. Auf den Grabstein des 1767 verstorbenen Pfarrers Frantz Maier ist folgende Inschrift gemeißelt: *„Hier ruhen die Gebeine des Hochwohl. Ehrwürdigen und Hochgeb. Herrn Christoph Frantz Maiers von Unterscheffach geborener. Welcher nicht viel über zwey Jahr der hiesigen Pfarrge-meinde das Amt eines Seelsorgers verwaltet und nur drey Viertel Jahr im Stand der Ehe gelebet und den 12. Juli 1767 am vierten Sonntag nach Trinitat der Nachmittags Betstunde auf der Canzel von einem Wetterstrahl augenblicklich getödtet worden. Sein ganzes Alter war 27 Jahr 9 Wochen 4 Tag."*

Burg Bielriet

Die Herren von Bielriet gehören zweifellos zu den ältesten und einflussreichsten Edelleuten der frühen Haller Geschichte, waren sie doch durch Heirat direkt mit den Staufern verwandt. Ihre Burg hoch über dem Bühlertal soll eine der schönsten und größten Burganlagen im alten Württemberg gewesen sein. Grabungsfunde belegen zumindest, dass die damaligen Bewohner sehr wohlhabend gewesen sind. Unter den Funden sind Ofenkacheln, Pfeilspitzen für Armbrust und Bogen, Teile von Pferdegeschirr und ein Spielstein aus Hirschgeweih (teilweise im Hällisch-Fränkischen Museum in Schwäbisch Hall zu sehen).

Grabungsfunde aus dem Jahr 1894 belegen eine Besiedlung dieses Platzes zur Zeit der Urnenfelderkultur (1300–700 v. Chr.)

Man könnte annehmen, dass die Anfänge der Bielriet in der Löwenburg bei Geislingen zu suchen sind. Die einfache Spornburg könnte bereits im 8. Jahrhundert entstanden, die Kämmerer von Geislingen zu Beginn des 10. Jahrhunderts in die Bielriet aufgegangen sein. Im Frühen Mittelalter gab es hier eine Fernstraße zu schützen und zu unterhalten, die vom Rhein über Geislingen an die Donau führte. Später wurde sie durch die wichtige Handelsstraße zwischen Hall und Rothenburg abgelöst, die auch die Fernstraße Heilbronn-Nürnberg-Prag war. Der zur Burg gehörende Weiler Cröffelbach wird 787 als zum Kochergau gehörig genannt.

Besitzungen der Bielriet zogen sich bis nach Geifertshofen und Teuerzen im Oberen Bühlertal und schlossen u.a. die Weiler Cröffelbach, Hopfach, Wolpertshausen, Wolpertsdorf, Orlach, Hörlebach, Ruppertshofen, Dörrmenz, Obersteinach und Veinau ein. Die Bielriet stammten aus Rothenburg und nannten sich anfangs auch Entse. Sie sind ein direkter Seitenzweig der Grafen von Rothenburg, die um 990 die Komburg kauften und sich fortan Grafen von Komburg schrieben.

So baut oder erweitert ein Rugger von Komburg um das Jahr 1000 die Burg Bielriet und nennt sich ab da von Bielriet. 1057 wird in einer Stiftungsurkunde des Stifts Fulda ein Adalbertus von Bielriet erstmals genannt. 1085 zählen die Bielriet bereits zum Haller Adel und bedachten das neu gegründete Kloster Komburg mit großzügigen Ländereien.

Im 12. Jahrhundert sind die Bielriet auf dem Höhepunkt ihrer Macht. Durch Heirat Ruggers von Bielriet mit der Schwester des Herzogs Friedrich von Schwaben, Adelheit von Staufen, gelangen die Bielriet als Vertrauensleute in die unmittelbare Nähe der Staufekönige und Kaiser. Sie werden Erbtruchsessen bzw. Küchenmeister des Heiligen Römischen Reiches Deutscher Nation und haben damit die Versorgung des gesamten Hofstaates unter sich. Um 1138 haben die Herren von Bielriet ausgedehnte Besitzungen auf der Haller Ebene.

Mit dem Niedergang der Staufer versinken auch die Bielriet zunächst in der Bedeutungslosigkeit. Der komburgische Abt Konrad von Entse, der 1213 erwähnt wird, ist vielleicht der letzte des Geschlechts, denn 1218 fällt das bielrietsche Erbe den Schenken von Schüpf zu. Die Burg Bielriet muss zu dieser Zeit bereits ungemütlich und unmodern geworden sein, denn 1229 ließ Walter von Schüpf die Limpurg vor den Toren Halls erbauen. In einer anderen Quelle heißt es, Walter von Bielriet erbaut 1215 die Limpurg und nennt sich fortan Schenk Walter von Limpurg.

Letzte Mauerreste der gewaltigen Burganlage verschwinden unter Wurzeln.

Mauerreste auf der Ruine Bielriet.

1280 war Schenk Konrad von Limpurg im Besitz der Burg Bielriet. Schenk Friedrich von Limpurg verkaufte sie 7 Jahre später zu 1300 Pfund Heller an den Küchenmeister Luipold von Nordenberg, ebenfalls eine Seitenlinie der Grafen von Rothenburg. In der Folge nennen sich die bielrietschen Nordenberg auch Bielriet, denn 1344 verkauft ein Walter von Bielriet Güter bei Steinach dem Grafen von Württemberg, und 1359 veräußern die Küchenmeister von Bielriet ein Lehen in Saurach an die Hohenlohe.

Besitzer und Bewohner der heruntergekommenen Burg wechseln nun des Öfteren. In den Jahren 1348/49 beherbergt der Burgherr die aus Hall vertriebenen Juden, die er aber ein Jahr später – wohl auf Druck der Obrigkeit – wieder vor die Tür setzt. Ihr Hab und Gut behält er allerdings ein. Und diesem Broterwerb verfallen die Bewohner der Burg Bielriet mehr und mehr. Die lukrative Handelsstraße zwischen den Reichsstädten Hall und Rothenburg direkt vor der Haustür, zogen sie mit immer dreisteren Überfällen den Haller Unmut auf sich. Im Jahr 1390 macht die Stadt dem Treiben ein Ende, kauft kurzentschlossen die Burg vom Hauptgläubiger ab und lässt sie „... *mit einer Tonnen Pulver in die Lufft*" sprengen. Damit nimmt die fast 500-jährige Geschichte der Herrschaft und Burg Bielriet ein jähes Ende. Die Bauern und Bürger der umliegenden Orte werden die noch nutzbaren Steine abgetragen und verwendet haben, Mauerreste sind nur sehr wenige erhalten, die durch kleine Ausgrabungen wieder sichtbar gemacht wurden.

Die Geschichte der Bielriet wäre unvollständig, würde man nicht die zur Burg gehörenden kleinen Weiler mit aufzählen:

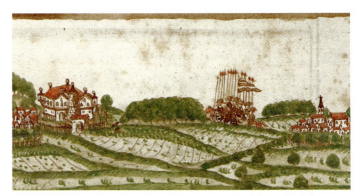

Burg Ramsbach mit Ort, sowie der Weiler Tüngental mit Kirche (rechts).

Ramsbach

Die Ministerialen der Bielriet treten 1085 in den Personen Diemo und Burkhard von Ramsbach in die fassbare Geschichte ein. Als Adalbert von Bielriet ins Kloster Komburg eintritt, macht er dem Kloster auch seine Besitzungen in Ramsbach – mitsamt seinen Dienstleuten – zum Geschenk. Die bewohnten bis dahin ein Wasserschloss, das am südöstlichen Ortsrand in der sumpfigen Au des Rotbachs gelegen hat.

Im 11. Jahrhundert sind die Ramsbach als Haller Adel verbürgt. Walter von Ramsbach war mit Phillip von Schwaben auf dessen Kriegszug in die Lombardei und wurde in Folge auch Lamparter genannt, ein heute noch in Tüngental weiterlebender Name.

Mitte des 14. Jahrhunderts sind die Hürdelbach im Besitz der Burg. Während des Städtekrieges 1450 wird das Schloss niedergebrannt. 1455 einigen sich Hans Götz und Hans Geyer wegen des Burgstalls in Ramsbach. Der Wert wurde damals mit 10 Gulden angegeben. Auch in späteren Aufzeichnungen taucht die Burgstelle nur noch als Burgstadel auf und ist in unterschiedlichem Besitz meist Haller Bürger. Von den Limpurg kommt es später an Hall.

Ramsbach wird in der Folgezeit von Tüngental aus verwaltet, wo das Haller Amt Schlicht seinen Sitz hatte. Die guten Voraussetzungen für die Landwirtschaft ließen die Höfe groß und ansehnlich werden. Auch heute noch ist der Ort landwirtschaftlich geprägt. Dass das Schwäbisch-Hällische-Landschwein gerade in einem hiesigen Stall „überlebt" hat, ist nicht Ausdruck der Rückständigkeit der Bauern, sondern der Eigenständigkeit mit einem gesunden Argwohn gegenüber allem Neuen.

Der alte Steinbruch an der Talkante unweit der Ruine Bielriet verschwindet langsam unter einem grünen Mantel der Natur. Früher wurde er als Auffüllplatz benutzt, lange Zeit rottete ein Sportwagen vom Typ Karman Ghia hier vor sich hin – ein wundervoller Abenteuerspielplatz für Kinder. Doch von alledem ist nichts mehr übrig geblieben. Der Zahn der Zeit hat auch diese Zeitzeugen hinweggenagt.

Wolpertsdorf

Der Ursprung dieses Weilers dürfte im 7. Jahrhundert zu suchen sein. Wohl derselbe Grundherr, der Wolpertshausen gegründet hat – ein Wolprecht – ist auch für die Gründung Wolpertsdorfs zuständig.

Die Bielriet werden als Erben der Wolprecht angesehen, so dass man annehmen kann, dass dieses frühmittelalterliche Adelsgeschlecht bereits im 9. oder 10. Jahrhundert ausgestorben ist. Der Ort Wolpertsdorf gehörte zur Herrschaft Bielriet, die auf den Anfängen der Ortsgründung einen Versorgungsweiler aufbaute. Ein Ortsadel ist 1216 mit Heinrich, Siegfried und Eberhard von Wolpoldesdorf belegt. Auch sie waren bielrietsche Dienstmannen. Ihre Ortsburg dürfte ebenfalls eine Wasserburg mit Turmhügel gewesen sein, deren ehemaliger Standort im Osten des Ortes zu suchen sein wird. Weder im Gelände noch in den Archivalien erfährt man mehr über die Existenz von Burg und Adel. Vermutlich wurde die Burg bereits Anfang des 13. Jahrhunderts aufgegeben, der Adel zog nach Hall oder blieb in männlicher Linie kinderlos.

Veinau

Die frühere Schreibweise „Veinach" hat sich bis heute in der Mundart als „Vainich" erhalten. Der Ortsadel hat auf einer Wasserburg gesessen, deren Standort bis heute allerdings unklar ist. Der oft aufgeführte Platz bei der Flur „Streitbusch" kommt wohl eher als Standort der Burg Altenhausen in Frage. Eher wird man die Burg im Ort oder nordöstlich davon suchen müssen.

Ein Ortsadel taucht erstmals 1288 mit einer Gertrud von Vinawe, Frau

Burg Veinau

des Heinrich von Michelfeld, sowie Adelheid und Heinrich von Vinawe auf. 1300 folgt Konrad dominus de Vinauwe, 1323 Heinrich von Vinauwe, 1359 Heinrich von Vinau, 1362 Konrad von Vinaue. Die Veinau scheinen im 14. Jahrhundert zu ihrer Blüte gekommen zu sein. An-

gefangen haben sie wahrscheinlich als Lehensherren der Bielriet. Nach deren Untergang müssen sie geschickt zu eigenem Besitz gekommen sein und haben womöglich ihre einfache Turmhügelburg ausgebaut. Die Zeichnung in der Widmannschen Chronik vom Anfang des 17. Jahrhunderts zeigt eine große Wasserburg mit palisadenbestandenem Graben und ummauerter Hauptburg mit Palas sowie zwei Nebengebäuden.

Die nördlich des Ortes gelegene Flur „Mühlwiesen" zeugt wohl noch von einem unglücklichen Versuch, eine Mühle am Ort zu installieren, hat es sich nicht bereits damals um eine Windmühle gehandelt.

Der Ort kam durch die Lage an der Handelsstraße Hall – Rothenburg zu Bedeutung, die Gastwirtschaft „Rößle" diente als Relaisstation für die Cröffelbacher Steige und ist noch heute beliebter Anlaufpunkt für Reisende.

Prächtige und gesunde Muttersauen wie diese in Ramsbach kommen noch heute aus den Ställen der ehemals bielrietschen Versorgungshöfe.

In dem weitläufigen Laubwald, der sich zwischen der Ruine Bielriet, Bühlerzimmern, Wolpertshausen und Ramsbach erstreckt, sagen sich noch Hase (Mitte) und Igel (unten) „Gute Nacht". Sie profitieren von der Vielgestaltigkeit des Waldes und seines teilweise wohlschmeckenden Unterwuchses. Waldmeister, Ruprechtskraut und Günsel sind in einer bunten Blüten-Palette (oben) vereint.

Wer von Bühlerzimmern her zur Ruine Bielriet wandert, wird sicher die großen Hinweistafeln wahrnehmen, die ihn am Anfang des Waldes vor dem Verlassen der Wege warnen. Tiefe Löcher, Spalten und Dolinen gibt es aufgrund von Verwerfungen und Auswaschungen entlang der Bühlertalkante und der kleinen Nebenklinge hier häufig. Hinter dem alten Steinbruch befinden sich Spalten, die unversehens 8 m in die Tiefe führen. Häufig sind diese Löcher durch herabfallendes Reisig und Laub nicht sofort zu erkennen. Die Warnungen sind daher berechtigt und unbedingt einzuhalten.

Cröffelbach

Die Gründung des Ortes dürfte in die Zeit zwischen 500 und 700 fallen, denn schon 787 wird er als dem Kochergau zugehörig genannt. In alten Urkunden wird der Ort auch Kreffelbach, Kräfftelbach, Creftelbach oder Krefftelbach geschrieben. Mörike muss der ungewöhnliche Name aufgefallen sein, er nennt ihn – nicht ohne seinen Spaß daran zu haben – spöttisch Kröpfelbach. Vermutlich stammt der Ortsname noch aus dem alemannischen Sprachgebrauch und bedeutet so viel wie „Ort, an den sich der Bach schmiegt". Wer vom Bergrücken der Bielriet hinabschaut, sieht genau dieses Bild vor sich. Nur noch selten gebraucht wird das sich „nou kreffle" für anschmiegen, hinkuscheln, neuschwäbisch „no schneckle".

Der zur Burg Bielriet gehörige Weiler teilt mit der Burg auch die meisten Besitzstandsveränderungen. 1078 verschenkt Adalbert von Bielriet den halben Ort an Komburg. Als Relais-Station zwischen den mörderischen Steigen entstand im 11. Jahrhundert die Cröffelbacher Wirtschaft. Sie ist heute eine der ältesten verbürgten noch existierenden Gaststätten im Land und seit

Die St. Ulrichskapelle im alten Ortskern von Cröffelbach.

St. Ulrichskapelle.

1880 im Besitz der Familie Bühler. Im 12. Jahrhundert wurde eine hölzerne Kirche durch die jetzige St. Ulrichskapelle in massiver Bauweise ersetzt. Der Weinbau blühte im Mittelalter in der kurzen Warmzeit, davon zeugen zwei für 1402 verbürgte Keltern. Die heute noch mit ihrem Gewölbekeller als ältestem Gebäuderest der Gesamtgemeinde Wolpertshausen erhaltene neue Kelter wurde 1590 erbaut, vermutlich ging der Weinbau zu diesem Zeitpunkt bereits zurück. Noch heute ist der Hang zwischen Cröffelbach und Geislingen der wärmste Abschnitt des ganzen Bühlertales, Wein wächst hier nicht mehr, wohl aber – als Kulturflüchtling – wilder Spargel. Kreuzblume, Enzian, Küchenschelle und einige Orchideenarten bevorzugen den Trockenhang und seinen charakteristischen Hainbuchenwald.

1500 erbaut Hall eine neue Steinbrücke über die Bühler, die 1842 vom Staat erweitert wird. Die gefährlichen Cröffelbacher Steigen sind im Lande berüchtigt, werden in den Jahren 1836–1840 entschärft. Noch heute wird die B 14 an dieser Stelle gerne mit LKW und Bussen zu Versuchszwecken befahren, für ambitionierte Radfahrer eine beliebte Teststrecke ihrer eigenen Kräfte.

In der St. Ulrichskapelle sind noch drei Fenster in ihrer ursprünglichen Form erhalten geblieben. Bemerkenswert sind auch der gotische Altar mit den drei Figuren St. Ulrich, St. Lorenz und St. Stephanus sowie die noch erhaltene Predella. Von 1570–1897 fanden nur an den Kirchweihtagen Gottesdienste statt, die Cröffelbacher mussten den Rest des Jahres nach Reinsberg in die Kirche gehen, heute wird die Kapelle wieder 14-tägig benutzt.

Altar der St. Ulrichskapelle mit den geschnitzten Heiligen St. Ulrich, St. Lorenz und St. Stephanus.

Bühlerzimmern

Nach einem morgendlichen Gewitterregen blinzelt die Sonne durch die Wolken und malt einen Regenbogen vor die Waldenburger Berge, genau zwischen die beiden ersten Hohenloher Windkraftanlagen.

Bühlerzimmern liegt nicht an der Bühler, sondern oberhalb auf der Höhe. Ursprünglich hieß der Ort Bielriet-Zimmern und weist darauf hin, dass dies der zur Burg gehörige Versorgungshof war. Er könnte ursprünglich auch der Geislinger Löwenburg gedient haben, doch liegt diese mit ihrer Geschichte noch völlig im Dunkeln.

Bühlerzimmern gehört heute zur Gemeinde Braunsbach und ist der Geislinger Kirche zugeteilt. Durch diesen Umstand ist es trotz seiner Nähe zu Schwäbisch Hall nicht zu einer anonymen Neubausiedlung mutiert, sondern hat bis heute seinen landwirtschaftlichen Charakter bewahren können. Qualität und Größe der Äcker haben schon früh zu adäquaten Bauernhöfen geführt. Eine Stall-Scheune mit angebautem Göpelhaus aus dem Jahre 1892 wurde aus Bühlerzimmern in das Hohenloher Freilandmuseum Wackershofen transferiert. In der Baugruppe „Hohenloher Bauerndorf" dient sie als Ausstellungsraum für Wechselausstellungen, im Dachboden ist die Dauerausstellung „Landtechnik" untergebracht und zur Freilichtspiel-Saison wird die Tenne zur Theaterscheune mit meist hoffnungslos ausgebuchten Vorstellungen.

Zwischen Bühlerzimmern und Veinau stehen – weithin sichtbares Wahrzeichen regenerativer Energien – zwei Windkraftanlagen. Sie waren die ersten in Hohenlohe installierten von inzwischen 10 Anlagen. Aus einer Privatinitiative heraus mit Unterstützung der Stadtwerke und vieler privater Geldanleger hatte die Anlage positive Wirkung für weitere Investoren. Die Windausbeute ist nicht schlecht, auch wenn sie gemessen an küstennahen Standorten nicht die gleichen Leistungen bringt. Doch haben die beiden Windräder bisher kaum an einem Tag stillgestanden. Wenn sie dies tagsüber tun, drehen sie sich meist mit den aufkommenden Winden in der Nacht. Dies ist präzise an der automatisch dokumentierten Energielieferung abzulesen.

Obwohl Windkraft zu einer der saubersten Energien zählt, scheiden sich an den bis zu 90 m hohen Windrädern die Geister. So haben bereits viele hohenlohische „Nachfahren des altehrwürdigen Don Quichote" den Kampf gegen die als störend und unästhetisch betitelten „Schandflecke" aufgenommen.

Impressionen aus dem Unteren Bühlertal zwischen Cröffelbach und Geislingen. Nur hier im untersten Teil des Bühlertales ist landwirtschaftliche Nutzung der Talhänge in größerem Umfang möglich und hat eine vielgestaltige und abwechslungsreiche Kulturlandschaft geschaffen.

Löwenburg

Eine historische Abbildung aus dem Anfang des 17. Jahrhunderts in der Haller Chronik von Widmann zeigt die Löwenburg etwa auf halber Höhe über dem Ort Geislingen am Hang liegend (ganz rechts). In der Bildmitte thront die Burg Bielriet, links unten das Dorf Cröffelbach mit steinerner Bühlerbrücke und darüber der Ort Reinsberg mit Kirche.

Eine Burg, von der nur spärliche Reste im Gelände, keinerlei Hinweise in den erreichbaren Quellen, wohl aber ein Name übrig geblieben ist, macht es dem historisch Interessierten schwer. Die Löwenburg soll auf dem Grat zwischen Kocher und Bühler gelegen haben. Dort malte sie auch schon ein Zeichner der erstmals 1541 erschienenen Chronik Widmanns hin. In den verschiedenen Ausgaben dieser Chronik ist die Burgendarstellung für die Löwenburg unterschiedlich. Mal als Höhenburg auf der Talkante, mal als einfacher Bergfried und mal als kleiner burgähnlicher Bau auf halber Höhe (oben). Dies beweist mehr oder weniger die Unkenntnis, die bereits Mitte des 16. Jahrhunderts über den vermuteten Burgenstandort geherrscht hat.

Der romantische Grillplatz an unterster Stelle des Grates wurde in einem alten Gipsbruch errichtet, der um 1930 in eine Freilichtbühne umgewandelt wurde, und scheidet als Burgenstandort aus.

Am Taltrauf hoch über Geislingen sind gleich mehrere Muschelkalkbrüche zu finden, in denen eine 50–70 cm mächtige Steinschicht mit primitivsten Mitteln abgebaut wurde. Deutlich älter ist auf dem Sporn ein gut 8 m tiefer Halsgraben zu sehen, der auf der Kocherseite im rechten Winkel noch am Talhang entlang läuft. Der dadurch separierte Turmhügel ist trapezförmig mit zum Sporn hin schmalerer Seite. Mit etwas Geschick sind auf dem Hügel noch Tonscherben irdenen Geschirrs und primitive Dachziegelreste zu finden, die eine Datierung der Nutzung der Burg zwischen dem 11. und 12. Jahrhundert zulassen.

Urkundlich erwähnt wird nur ein Heinrich von Gyselingen, der 1234 im Gefolge König Heinrichs auftaucht, dessen Zugehörigkeit zu unserem Ort aber nicht sicher ist. 1241 werden die Schenken von Limpurg mit dem Wildbann belehnt und 1251 bekommen sie gar die 30.000 Morgen (ca. 7.500 ha) Bannwald zugesprochen, die zuvor im Besitz oder Lehen der Kämmerer von Geislingen waren, die auf der Löwenburg saßen. Die Kämmerer von Geislingen scheinen um 1250 ausgestorben zu sein, ihre Burg ist dann entweder verfallen oder von einem Ortsadel weiterbenutzt worden.

Zu Letzterem passt die Geschichte des „Schwarz von Orlach", der als Geist sein Unwesen trieb. Der Überlieferung zufolge, die durch Justinus Kerner Eingang in die Literatur gefunden hat, war der so genannte „Schwarze" ein Sohn eines Edlen von Geislingen, der auf dem Löwenbuck ein Raubschloss besaß. Er selbst musste die Burg seinem Bruder überlassen und ins Orlacher Kloster gehen, wo er bald Prior wurde. Da er der Leibeslust wohl nicht ganz abgeschworen hatte, begann er Nonnen, seine unehelichen Kinder und mitwissende Klosterbrüder zu morden, bis er im Jahre 1438 zuletzt sich selbst entleibte.

Noch um 1500 hat Phillip, Pfalzgraf bei Rhein, hier Lehen zu vergeben. Dies könnte ein Indiz darauf sein, dass hier noch lange Zeit Königsland bestand.

Die Burg, die aus nicht viel mehr als einem Bergfried bestanden haben dürfte, wurde spätestens Mitte des 15. Jahrhunderts abgebrochen und die Steine für Keller, Ställe und Bauernhäuser verwendet.

Doch ein Rätsel bleibt: wie die Löwenburg zu ihrem Namen kam. Waren es die Löwen der Staufer, die auch der Burg Leofels zu ihrem Namen verhalfen? Ist es Zufall, dass die Geschicke der Geislinger mit denen deutscher Kaiser- und Königshäuser zusammenfallen? (Mit dem Tod Kaiser Friedrichs II. verlieren sie 1250 den Bannwald, der „Schwarze" bringt sich 1438 um, das Jahr, in dem die Habsburger das deutsche Königshaus dauerhaft übernehmen).

Geislingen

Als alemannische Gründung ist Geislingen ab dem 4. oder 5. Jahrhundert als Weiler denkbar. Urkundliche Erwähnung findet der Ort aber erst 1241, als Staufer-Kaiser Friedrich II. die Schenken von Limpurg mit dem Wildbann belehnt. Unklar bleibt, warum die Alemannen zwar das ganze Kochertal bis Aalen hinauf mit -ingen-Orten besiedelten, das Bühlertal jedoch bis auf Suntheim aussparten.

und wurden vom König aufgegeben. Ein vielleicht etablierter Ortsadel ist dann womöglich nach Hall abgewandert oder wurde in anderen Positionen im Königreich eingesetzt.

Im ausgehenden Mittelalter verfügte Geislingen über eine Mühle etwas oberhalb des Ortes an der Bühler und versorgte mit der Kirche die kleineren Weiler auf den Höhen ringsum. Im 19. Jahrhundert wuchs Geislingen als bedeutender Sammelplatz für das nach

sche Freilichtbühne eingerichtet, in den 1970er Jahren kam ein Spielplatz hinzu. Inzwischen ist der Platz nur noch als Grillplatz in Benutzung.

Dem Bau der Autobahnbrücke über das Kochertal 1976 bis 1979 verdankt Geislingen einen gewissen Grad an Bekanntheit und ein Museum mit ungewöhnlichem Namen: Museum für Brückenbau und Urlurchfunde. Auf den Keuperhöhen wurden damals viele Knochen und Schädel des Mastodon-Sauriers gefunden und kistenweise ins Landesmuseum nach Stuttgart abtransportiert. Das Museum zeigt einige Funde davon sowie Wissenswertes über Bau und Planung der 185 m hohen, 31 m breiten und 1128 m langen Autobahnbrücke.

Geislingen vom Kocherhang aus gesehen mit Blick hinauf ins Bühlertal.

Für eine frühmittelalterliche Ortsburg, die aus Gründen der Wichtigkeit und Position des Ortes an der alten Fernstraße Rhein-Donau sicherlich nicht gefehlt hat, fehlen konkrete Nachweise. Das Areal der heutigen Kirche kommt als Standort einer solchen einfachen Turmhügelburg in Frage.

Mit dem Emporstreben der Salzstadt Hall verlor Geislingen seine Wichtigkeit, die Fernstraße wurde verlegt. Wahrscheinlich verloren auch die beiden Burgplätze bei Geislingen, die Löwenburg und ein namenloser Burgplatz auf dem Sporn zwischen Kocher und Gaisklinge damit ihre Funktion zur Sicherung von Furt, Steige und Straße

Frankfurt und Straßburg getriebene Hohenloher Mastvieh. Im benachbarten Braunsbach ließen sich jüdische Viehhändler nieder, die den Handel bis 1934 als lukrative Einnahmequelle der Orte fortführten. Der jüdische Friedhof am Schaalberg in Braunsbach zeugt noch heute von der einst lebhaften jüdischen Tradition.

In der Mühle wurde nun auch Gips gemahlen, der unter anderem in einem bescheidenen kleinen Gipsbruch auf dem Löwenbuck gewonnen wurde. Die Arbeit war mühsam und wenig ergiebig, so dass auch dies bald darauf wieder unterlassen wurde. 1930 wurde in dem alten Gipsbruch eine romanti-

Lieewesgedicht

Horch!
Dauße
schlecht e Nachdigall!
Wu mer noch
jung gwee sann,
sell s vo dene Veiichl
noch mäeh geewa hoowe.
Bloeß hewwe mer s
doemoels nidd ghäert,
hewwe ko Zeit ghodd,
wall mer halt
woß anderschts
z doene ghodd hewwe.

Gottlob Haag

Der warme und reich strukturierte Bühlersüdhang zwischen Geislingen und Cröffelbach war lange Zeit sicherer Geheimtipp für die in unserem Raum seltene Nachtigall. Doch ist sie in letzter Zeit im Bühlertal aus nicht nachvollziehbaren Gründen verstummt.

Zwischen Cröffelbach und Geislingen am warmen Südhang kann man noch vereinzelt die Küchenschelle finden.

Bühler (links, klares Wasser) und Kocher (rechts, trübes Wasser) vereinigen sich unterhalb von Geislingen.

Nachgesicht

nun ist dies werk getan
wie alles irdische unvollständig
bruchstückhafter ausriss
die chance zum ganzen vertan

ich hätt noch gern ein mehr
gekonnt, gemocht, gewollt
eingefügt mit blick und biss
gefragt, was wie wo wann wer

es ist gedacht, geschrieben, gedruckt
meine sicht auf meine kleine welt
hab ein klein wenig schiss
bin vielleicht gar zu sehr verruckt

da liegt sie nun, die bühler
auf weiße seiten eingezwängt
sie bekommt hoffentlich keinen riss
fließt weiter, schneller, kühler

ganz fest gehalten auf papier
im schatten der momentaufnahme
die bühler strahlt aus ihrem verlies
glänzt sie gnitz zu mir

Literatur

Beschreibung des Oberamts Aalen, J.B. Müller's Verlagsbuchhandlung Stuttgart, 1854

Beschreibung des Oberamts Ellwangen, Band 1. Königlich statistisch-topographisches Bureau, 1886, (Neuausg. 1963)

Beschreibung des Oberamts Ellwangen, Band 2. Königlich statistisch-topographisches Bureau, 1886, (Neuausg. 1963)

Beschreibung des Oberamts Hall, Königlich statistisch-topographisches Bureau, 1847, (Neuausgabe 1969)

Betz, K.: Hohenloher Merk-Würdigkeiten. Hohenloher Druck- und Verlagshaus, Gerabronn, 1988

Buck, Dr. N.: Bericht über den Gütezustand der Bühler/Kocher. Landesstelle für Gewässerkunde. Stuttgart, 1969

Führer zu vor- und frühgeschichtlichen Denkmälern. Schwäbisch Hall, Komburg, Vellberg. Verlag Philipp von Zabern, Mainz, 1973

German, Wilhelm: Chronik von Schwäbisch Hall und Umgebung, 1900

Haag, Gottlob: Bass uff, wenn dr Noochtgrabb kummt. Gedichte in hohelohisch-fränkischer Mundart. Hohenloher Druck- und Verlagshaus, Gerabronn, 1982

Haberkern, Kuno: Chronik der Gemeinde Wolpertshausen. 1998

Hagdorn, Hans & Theo Simon: Geologie und Landschaft des Hohenloher Landes. Thorbecke, Sigmaringen, 1988

Huber, Dr. E.: Das Untere Bühlertal – Denkschrift zur Unterstützung des Antrages, das Gebiet unter Naturschutz zu stellen. Crailsheim, 1976

Kunst und Archäologie im Kreis Schwäbisch Hall. Konrad Theiss Verlag, Stuttgart, 1979

Kunz, Bernd: Die Libellen des Lkr. Schwäbisch Hall. Jahresbericht 1991/92 der Arbeitsgemeinschaft Libellen im Lkr. SHA (AGL). Schwäbisch Hall, 1993

Der Landkreis Schwäbisch Hall. (Hrg.) Dr. R. Biser. Konrad Theiss Verlag Stuttgart/Aalen, 1976

Ockert, Willy: Lithostratigraphie und Fossilführung des Trochitenkalks (Unterer Hauptmuschelkalk, mo1) im Raum Hohenlohe. In: Neue Forschungen zur Erdgeschichte von Crailsheim, H. Hagdorn (Hrsg.). Gesellschaft für Naturkunde in Württemberg, Goldschneck-Verlag, Stuttgart, 1988

Schlauch, Rudolph: Hohenlohe. Kohlhammer Verlag, 1956

Schleehuber, Emil: Die Geschichte von Obersontheim in Zahlen und Fakten. In: Obersontheim, Bürger schreiben für Bürger. Gemeinde Obersontheim, 2000

Schneider, Alois: Die Burgen im Kreis Schwäbisch Hall. Landesdenkmalamt BW, Stuttgart: Theiss, 1995

Das schöne Süddeutschland. Seine Bäder, Sommerfrischen und Gaststätten. Herausgegeben von der Württemberger Zeitung Stuttgart, um 1930

Simon, Theo: Flußgeschichte von Kocher und Jagst. In: Neue Forschungen zur Erdgeschichte von Crailsheim, H. Hagdorn (Hrsg.). Gesellschaft für Naturkunde in Württemberg, Goldschneck-Verlag, Stuttgart, 1988

Simon, Theo: Zur Entstehung der Schichtstufenlandschaft im nördlichen Württemberg. Jahrhundert geol. Landesamt Baden-Württemberg, Freiburg im Breisgau, 1987

Weiss, Konrad: Gedichte 1914–1939. Kösel, München, 1961

Widmann, Georg: Handschrift der Chronik. Stadtarchiv Schwäbisch Hall HV HS 74, ca. 1600

Wieland, Dieter: Frooch an Schbüchl. Gedichte in hällisch-fränkischer Mundart. Schlez, Stuttgart, 1980

Touristinformation

Adelmannsfelden

www.adelmannsfelden.de

Bürgermeisteramt
Hauptstraße 71
73486 Adelmannsfelden
Tel.: (07963) 9000 - 0
Fax: 9000 - 30
adelmannsfelden@t-online.de

Sehenswertes: Das 1761 erbaute Schloss der Familie Graf Adelmann von Adelmannsfelden, die 1130 erbaute Pfarrkirche St. Nikolaus, Kapelle St. Leonhard, mit Holzschindeln verkleidetes Rathaus.

Anhausen

Bezirksamt Sulzdorf
Martin-Luther-Straße 11
74523 Sulzdorf

Rekonstruierter Kirchplatz mit Glockenturm, Tuffsteinhöhlen, Burg Anhausen mit rekonstruierten Mauerresten und Hinweistafel.

Burg Altenhausen

Am östlichen Ortsende von Altenhausen Richtung Veinau, von der Otterbachbrücke aus beste Sicht auf den ehemaligen Burghügel in den Obstwiesen linker Hand.

Buch

Ruine Burg Buch: Von Sulzdorf kommend den Feldweg links vor der Eisenbahnbrücke talabwärts gehen. Etwa 200 m, nachdem man die Fischteiche links liegen gelassen hat und der Weg einen weiten Bogen nach Rechts nimmt, liegen Burghügel und Halsgraben am Sporn zwischen Bach und Bühler hinter einer Wiese.

Bühler

Bürgermeisteramt
Hauptstraße 71
73486 Adelmannsfelden
Tel.: (07963) 9000 - 0
Fax: (07963) 9000 - 30
adelmannsfelden@t-online.de

Bühlertann

www.buehlertann.de

Bürgermeisteramt
Hauptstr. 12
74424 Bühlertann
Telefon: (07973) 9696 - 0
Telefax: (07973) 9696 - 33
gemeinde@buehlertann.de

Kleinschwimmhalle Bühlertal, sommerlicher Freibadbetrieb mit großer Liegewiese und Minigolf

Sehenswertes: St. Gangolfkapelle aus dem 15. Jahrhundert, Heimatstube im Rathaus.

Bühlerzell

www.buehlerzell.de

Bürgermeisteramt
Heilberger Str. 4
74426 Bühlerzell
Telefon: (07974) 9390 - 0
Telefax: (07974) 9390 - 22
info@buehlerzell.de

Hallenbad, Freibad (Geifertshofen), Tennisplätze, Minigolf, Kegelbahn. Feriensiedlung Grafenhof mit Golf-, Fisch- und Reitmöglichkeiten. Insgesamt 280 km ausgeschilderte Wanderwege.

Sehenswertes: Lourdes-Grotte am Roßberg, Kirche St. Maria.

Bühlerzimmern

Ruine Bielriet: B 14 von Bühlerzimmern kommend, etwa auf halben Wege der langen Geraden talabwärts rechts in Feldweg einbiegen, ca. 100 m vor Waldrand rechten Weg nehmen. Ab Verbotsschild geradeaus, in Kehre links geradeaus, immer linken Weg nehmen, Hütte rechts liegen lassen, etwas bergan, dann links Wall und Graben passieren, wieder links in den ersten Halsgraben absteigen.

Cröffelbach

www.wolpertshausen.de/str_ges1.htm

Bürgermeisteramt, Haller Str. 15
74549 Wolpertshausen
Telefon: (07904) 9799 - 0
Gemeinde@wolpertshausen.de

St. Ulrichkapelle: Schlüssel bei Frau Wieland (07906) 86 80 (das Haus neben der Kirche mit den Schwalbennestern)

Eschenau

www.vellberg.de

Amtshaus, Im Städtle 27
74541 Vellberg
Telefon: (07907) 877 - 0

Gantenwald

www.buehlerzell.de/kultur_vereine/gedenkstaette_gantenwald.htm

Bürgermeisteramt
Heilberger Str. 4
74426 Bühlerzell
Telefon: (07974) 9390 - 0
Telefax: (07974) 9390 - 22
info@buehlerzell.de

Geifertshofen

www.buehlerzell.de/gemeindeinfo/geifertshofen.htm

Bürgermeisteramt
Heilberger Str. 4
74426 Bühlerzell
Telefon: (07974) 9390 - 0
Telefax: (07974) 9390 - 22
info@buehlerzell.de

Freibad. Insgesamt 280 km ausgeschilderte Wanderwege.

Sehenswertes: Kirche St. Sebastian, Dorfkäserei mit Schaukäserei, Verkauf und Gasthaus.

Geislingen

www.braunsbach.de/info_adressen/einwohner_geislingen.htm

Museum für Brückenbau und Urlurchfunde. Das Museum zeigt die zur Diskussion gestandenen Brückenmodelle, Bohrkerne und Saurierfunde, auf Wunsch kann ein 40-minütiges Video gezeigt werden. Auskunft und Terminreservierung (geöffnet nur auf Anfrage) bei Kornelia Horch (07906) 1480.

Sehenswertes: St. Kilian Kirche, Zusammenfluss von Bühler und Kocher, ehem. Gipsbruch und jetzt Grillplatz auf dem Löwenbuck.

Hambacher Sägmühle

www.buehlerzell.de/freizeit_tourismus/unterkuenfte.htm

Dauercampingplatz
Hambacher Mühle 1
74426 Bühlerzell
Telefon (07974) 355

Hammerschmiede

www.camping-hammerschmiede.de

Campingplatz E. Hug
Hammerschmiede 6
73453 Pommertsweiler
Telefon (07963) 415 oder 1205
Telefax: (07963) 1408
Camping.Hammerschmiede@t-online.de

Campingplatz direkt am Hammerschmiedesee mit Jugendzeltplatz, Familienzeltplatz und 160 Dauercampingplätzen.

Heilberg

www.buehlerzell.de/gemeindeinfo/heilberg.htm

Sehenswertes: Spätgotische Kapelle St. Laurentius, Juni 2003 innen komplett renoviert.

Burg Hohenstatt

Von Sulzdorf kommend nach Neunbronn, dort leicht rechts über die Bühler und durch die gegenüber liegende Klinge auf die andere Bühlerseite. Am ersten Feld rechts bis zur Hangkante. Dort deutlich sichtbar Burghügel mit Vorburg und Hauptburg sowie tiefem Burggraben. Besonders schön im Winter/zeitigen Frühjahr.

Burg Hohenstein

Von Sulzdorf kommend Richtung Neunbronn. Am Wanderparkplatz an der Hangkante links Wanderweg entlang oberhalb der Straße nach Neunbronn. Halsgraben und Vertiefung des Burgfrieds noch sichtbar, romantischer Grillplatz. Vorsicht am Bühlerhang: hier fällt über einem Fels der Abgrund jäh ab.

Hopfach

www.wolpertshausen.de/str_ges1.htm

Bürgermeisteramt
Haller Straße 15
74549 Wolpertshausen
Telefon (07904) 9799 - 0
Telefax (07904) 9799 - 10

Wander- und Reitmöglichkeiten.

Burg Hopfach

Von Hopfach aus Straße Richtung Reinsberg. Auf der Höhe genau Richtung Süden an den Waldrand, dort auf einem Sporn zwischen Kressenbach und Bühler die ehemalige Burgstelle. Kaum sichtbare Spuren.

Ilshofen

www.ilshofen.de

Bürgermeisteramt
Haller Straße 1
74532 Ilshofen
Telefon (07904) 702 - 0
Telefon (07904) 702 - 12
info@ilshofen.de

Vielfältiges Freizeitangebot: von Angeln bis Ziegenmelken ist fast alles möglich.

Sehenswertes: Ev. Kirche St. Petronella, einzige Kirche mit diesem Namen in Württemberg. Im Ortsteil Altenberg Rokoko-Kirche mit sehenswerter Stuckdecke. KULTURm: der Haller Torturm wurde in jüngster Zeit zu einem kulturellen Veranstaltungsort umgebaut. Es finden regelmäßig Ausstellungen und Lesungen statt. Burgschauspiel Leofels: In der Kulisse einer Stauferruine finden alljährlich im Sommer Theatervorführungen einer Laientheatergruppe statt.

Kammerstatt

www.buehlerzell.de/gemeindeinfo/kammerstatt.htm

Sehenswertes: Halbmaurischer Steintempel am westlichen Ortseingang, Kapelle zur Heiligen Dreifaltigkeit.

Burg Klingenfels

Von Ilshofen kommend geradeaus durch den Ort Steinbächle, am westlichen Ortsende geradeaus (links nach Unteraspach, rechts zum Steinbruch). Nach etwa 500 m Hinweisschild. Burghügel, Vorburg, zwei tiefe Halsgräben sowie Kellerreste und Spuren ehemaliger Gebäude im Wald oberhalb der Schmerach.

Kottspiel

www.buehlertann.de

Sehenswertes: Kirche St. Leonhard mit Rainessancehochaltar und gotischen Holzfiguren. Ehem. Wasserburg am nördlichen Ortsrand, nur noch schwach sind die einstigen Gräben der Burg sichtbar.

Löwenburg

Der Burghügel befindet sich an der Hangkante oberhalb Geislingens auf dem Sporn zwischen Kocher und Bühler. Der Ebene zu erstreckt sich ein weitläufiger, viel verzweigter alter Steinbruch. Der einfachere, aber längere Weg führt über Bühlerzimmern (durch den Ort vom östlichen Zugang aus immer geradeaus Richtung Norden, am Waldrand rechts halten); von Geislingen aus fast 180 m hinauf dem Grat entlang über den Löwenbuck. Unwegsam und schlecht zu finden.

Mittelfischach

Bürgermeisteramt
Rathausplatz 1
74423 Obersontheim
Telefon: (07973) 696 - 0
Telefax: (07973) 696 - 13
info@obersontheim.de

Sehenswertes: Kirche mit romanischem Ursprung, Reste von Fresken aus dem 15. Jahrhundert.

Neunbronn

Bezirksamt Sulzdorf
Martin Luther-Straße 11
74523 Sulzdorf
Telefon (07907) 98740
Telefax (07907) 1761

Romantische Lage, Ausgangspunkt für schöne Wanderungen, Grillplatz Burg Hohenstein, Burg Anhausen.

Oberfischach

Bürgermeisteramt
Rathausplatz 1
74423 Obersontheim
Telefon: (07973) 696 - 0
Telefax: (07973) 696 - 13
info@obersontheim.de

Schießanlage für KK, Luftgewehr und Sportpistole.

Sehenswertes: St. Kilianskirche mit mächtiger Dorflinde.

Oberscheffach

Bezirksamt Sulzdorf
Martin Luther-Straße 11
74523 Sulzdorf
Telefon (07907) 98740
Telefax (07907) 1761

Ausgangspunkt für schöne Wanderungen im Bühler-, Otterbach- oder Schmerachtal.

Obersontheim

www.obersontheim.de

Bürgermeisteramt
Rathausplatz 1
74423 Obersontheim
Telefon: (07973) 696 - 0
Telefax: (07973) 696 - 13
info@obersontheim.de

Seheswertes: Ehemaliges Schloss der Schenken von Limpurg, evangelische Pfarrkirche mit aufwändig gestalteten Grabmälern der Limpurger Schenken, ehemaliges Kanzleigebäude (jetzt Rathaus), Schubart-Geburtshaus, Koppenmühle mit Kleinkunstbühne (www.koppenmuehle.de), oberhalb der Beilsteinmühle frisst sich die Bühler in den Muschelkalk.

Ein umfangreiches und gut ausgeschildertes Rad- und Wanderwegenetz eröffnet viele Möglichkeiten. Streckenlänge und -verlauf können individuell gewählt werden. Wer mehr Informationen hierzu wünscht, wendet sich an:
Dieter Herrmann,
Telefon 07973 / 696 - 11
dieter.herrmann@obersontheim.de

Pommertsweiler

www.abtsgmuend.de

Gemeindeverwaltung
Rathausplatz 1
73453 Abtsgmünd
Telefon (07366) 82 - 18
Telefon (07366) 82 - 54
info@abtsgmuend.de

Bühlerursprung, gute Ferien- und Wandermöglichkeiten.

Sehenswertes: Berrothsbrunnen, Kirche St. Maria und Michaelskirche.

Reinsberg

www.wolpertshausen.de/str_ges2.htm

Sehenswertes: Kirche mit interessanter und wechselvoller Geschichte.

Burg Reinsberg

Die Burg Reinsberg liegt etwas versteckt und ist schwer aufzufinden, da kein direkter Weg zu ihr führt. Von Unterscheffach kommend biegt man in der ersten Haarnadelkurve links in einen Waldweg ab, nimmt dann den ersten Weg rechts den Hang hoch. Wenn man sich nur noch etwa 30 m unter der Hangkante befindet, kann man die stattlichen Reste der Burg auf dem Bergsporn erkennen. Mit einem kurzen, aber anstrengenden Fußmarsch kommt man direkt zur Burg. Dort finden sich noch gut sichtbare, tiefe Gräben und hohe Burghügel von Vor- und Hauptburg.

Rappolden

www.vellberg.de/geschichte/rappolden.htm

Ehemaliger Mühlweiler, in den 1970er und 1980er Jahren „Geisterdorf", inzwischen nur noch romantische Lage mit Brücke und landwirtschaftlichen Gebäuden.

Senzenberg

www.buehlerzell.de/gemeindeinfo/senzenberg.htm

Bürgermeisteramt
Heilberger Str. 4
74426 Bühlerzell
Telefon: (07974) 9390 - 0
Telefax: (07974) 9390 - 22
info@buehlerzell.de

Sehenswertes: Mutter-Gottes-Kapelle

Steinenbühl

www.buehlerzell.de/gemeindeinfo/senzenberg.htm

Bürgermeisteramt
Heilberger Str. 4
74426 Bühlerzell
Telefon: (07974) 9390 - 0
Telefax: (07974) 9390 - 22
info@buehlerzell.de

Sehenswertes: Kapelle im Ort, Momentum mori mit dem Heiland in der Ruhe abseits im Wald.

Stöcken

www.adelmannsfelden.de

Bürgermeisteramt
Hauptstraße 71
73486 Adelmannsfelden
Tel.: (07963) 9000 - 0
Fax: 9000 - 30
adelmannsfelden@t-online.de

Stöckenburg

www.vellberg.de/geschichte/stoeckenburg.htm

Amtshaus Vellberg
Im Städtle 27
74541 Vellberg
Telefon (07907) 877 - 0
Telefon (07907) 877 - 25
stadt@vellberg.de

Sehenswertes: St. Martinskirche mit Ursprung vermutlich im 6. Jahrhundert. Reich verzierter Hochaltar, gotisches Chorgestühl, steinernes Kruzifix, Grabsteine der Vellberger Dynasten teilweise von dem Haller Meister Sem Schlör, Deckenmalereien im Stile Dürers.

Die Martinskirche ist auch immer wieder Konzertsaal für besondere musikalische Ereignisse.

Sulzdorf

Bezirksamt Sulzdorf
Martin Luther-Straße 11
74523 Sulzdorf
Telefon (07907) 98740
Telefax (07907) 1761

Golfplatz Dürrenzimmern mit 18-Loch-Anlage, Driving-Range und ProShop. Vielfältige Sport- und Freizeitmöglichkeiten.

Sehenswertes: Ehem. Kirchplatz Anhausen, Burgplätze Anhausen, Buch und Hohenstein.

Talheim

www.vellberg.de/geschichte/talheim.htm

Amtshaus Vellberg
Im Städtle 27
74541 Vellberg
Telefon (07907) 877 - 0
Telefon (07907) 877 - 25
stadt@vellberg.de

Sehenswertes: Stöckenburg, Sonnwendfeuer am 21. Juni.

Tannenburg

Die Tannenburg, eine der besterhaltenen Schildmauerburgen Württembergs (Privatbesitz). Schlosskapelle wurde erst liebevoll hergerichtet. Anfahrt nur über die Höhe von Fronrot aus möglich. Heute betreiben die Besitzer einen Bioland-Hof. Möglichkeiten der Übernachtung sind gegeben sowie „Ferien auf dem Bauernhof". Informationen bei Fam. Zipperer (07973) 5985

Tüngental

Bezirksamt Tüngental
Ramsbacher Straße 8
74523 Tüngental
Telefon (07907) 942 - 900
Telefax (07907) 942 - 909

Sehenswertes: Marienkirche
(Maria mit dem Hasen)

Unterscheffach

www.wolpertshausen.de/str_ges2.htm

Bürgermeisteramt
Haller Straße 15
74549 Wolpertshausen
Telefon (07904) 9799 - 0
Telefax (07904) 9799 - 10
Gemeinde@wolpertshausen.de

Allerheiligenkapelle: Schlüssel bei Frau Maurer (07907) 2698 (das gelbe Haus links neben der Brücke Richtung Otterbach)

Ruine Wasserschloss Scheffau: Rest des Wassergrabens rechts am Ortsausgang gegenüber der Allerheiligenkapelle.

Ruine Burg Scheffau: Gegenüber Kläranlage Reinsberg etwa 500 m der Hangkante folgen, bis unterhalb im Wald Gräben sichtbar werden.

Untersontheim

Bürgermeisteramt
Rathausplatz 1
74423 Obersontheim
Telefon: (07973) 696 - 0
Telefax: (07973) 696 - 13
info@obersontheim.de

Sehenswertes: Kirche zu Allen Heiligen mit romanischem Tympanon

Veinau

Bezirksamt Tüngental
Ramsbacher Straße 8
74523 Tüngental
Telefon (07907) 942 - 900
Telefax (07907) 942 - 909

Sehenswertes: Gasthof Rößle, früher Relaisstation für die Cröffelbacher Steige

Vellberg

www.vellberg.de

Amtshaus Vellberg
Im Städtle 27
74541 Vellberg
Telefon (07907) 877 - 0
Telefon (07907) 877 - 25
stadt@vellberg.de

Der anerkannte Erholungsort bietet eine Fülle von interessanten und besonderen Freizeitmöglichkeiten. Angefangen bei den Übernachtungen: Insgesamt drei Türme der Stadtbefestigung können über das Schlosshotel für 2 bis 4 Personen gebucht werden. Aber auch im Schloss selbst stehen Räumlichkeiten für Übernachtung, Feste oder Seminare zur Verfügung.

Sehenswertes: Das mittelalterliche Städtchen begeistert durch die geschlossen erhaltene Bausubstanz – von begehbaren Wehrgängen und Türmen über den Stadtbrunnen, das alte Amtshaus, die mittelalterliche Gastwirtschaft „Zum Ochsen", die alte Kaserne bis hin zum Renaissance-Schloss.
Das Natur- und Heimatmuseum, Hermann-Frank-Weg-1, hat an Sonn- und Feiertagen von 14:00 bis 16:30 Uhr seine Pforten geöffnet. Dem Ort gegenüber thront die Martinskirche der Stöckenburg.

Wolpertshausen

www.wolpertshausen.de

Bürgermeisteramt
Haller Straße 15
74549 Wolpertshausen
Telefon (07904) 9799 - 0
Telefax (07904) 9799 - 10
Gemeinde@wolpertshausen.de

Ökologischer Gewerbepark, Öko-Siedlung, Bäuerliche Erzeugergemeinschaft, Windkraftanlagen und Biogas-Anlage – in Wolpertshausen passt alles zusammen.

Sehenswertes: Die Kirchen in Reinsberg, Unterscheffach und Cröffelbach.

Rundwanderwege

Bühlertann
Vom Rathaus aus führen sechs ausgeschilderte Rundwanderwege von 5,5–10,5 km Länge in die nähere Umgebung. Am Friedhof Kottspiel startet ein Rundwanderweg mit ca. 7,5 km Länge (2–3 h).

Bühlerzell
Diese 7 Wanderwege sind ein Teil des insgesamt 280 km umfassenden Streckennetzes:
1.: Bühlerzell – Holenstein – Geifertshofen – Bühlerzell. Länge 16 km, ca 4 h. Alternative Streckenführung mit 9,5 oder 12,5 km / 2,5–3 h. **2.:** Bühlerzell – Mangoldshausen – Schönbronn – Bühlerzell. Länge 16 km / ca 4 h. Alternative Streckenführung mit 12 oder 14 km / 3,0–3,5 h. **3.:** Grafenhof – Schönbronn – Felixhütte – Grafen-hof. Länge 13 km / 3,0–3,5 h.
4.: Bühlerzell – Schönbronn – Hambach – Heilberg – Bühlerzell. 18 km / 4,5 h. Alternative: 11 km / 2,75 h. **5.:** Geifertshofen – Unterfischach – Kohlwald – Hambach – Geifertshofen. Länge 24 km / 6 h. Zwei Alternativen mit jeweils 9 km / 2,5 h. **6.:** Geifertshofen – Teuerzen – Säghalden – Imberg – Geiferts-hofen. Länge 13,5 km / 3,5 h. Zwei Alternativen mit 7,5 km / 2 h oder 11 km / 2,75 h. **7.:** Bühlerzell – Benzenhof – Heilberg Imberg – Bühlerzell. Länge 10 km / 2,5 h. Wer es kürzer mag, kann auf 7,5 km / 2 h abkürzen.

Ilshofen
Vom Rathaus abgehend ist eine Drei-Tages-Wanderung durch Schmerach-, Bühler-, Kocher- und Grimmbachtal möglich. Am ersten Tag von Ilshofen über Steinbächle und Ruine Klingenfels hinunter in die Schmerachklinge, dann über Oberscheffach der Bühler folgend bis Cröffelbach. Am zweiten Tag von Cröffelbach über Hohenberg in die Grimmbachschlucht und weiter nach Braunsbach. Am dritten Tag von Braunsbach auf die Höhe nach Elzhausen, durch die Grimmbachschlucht nach Altenberg und über die Felder zurück nach Ilshofen. Die Wegstrecken sind jeweils ca. 15 km lang, Gehzeit zwischen 4 und 5 Stunden.

Obersontheim
Nähere Informationen über das umfangreiche Wanderwegenetz in und um Obersontheim erhält man bei: Dieter Herrmann, Telefon 07973 / 696 - 11
dieter.herrmann@obersontheim.de

Vellberg
Drei Wanderungen mit jeweils 6 km, 12 km oder 6 km Länge beginnen an der Wanderwegetafel am Fasanenweg (Nähe Schule Richtung Talheim).
Am Sportzentrum Vellberg-Talheim geginnen ebenfalls an einer übersichtlichen Wanderwegetafel drei gut ausgeschilderte Wege mit 9 km, 10 km oder 12 km Länge.

Wolpertshausen
Vom Schulhaus geht es Richtung Osten nach Rudelsdorf, von dort Richtung Reinsberg, dann über die Urteklinge hinunter zur Schmerach. Dieser bis zur Mündung folgen, über Unterscheffach und Hopfach bis Cröffelbach, die Alte Steige hinauf nach Wolpertsdorf. ca. 12 km 4–5 h Gehzeit.

Grillplätze

Bühlertann
Galgenberg: am Ortseingang rechts ca. 800 m.
Halden: vor Halden rechts, unterhalb der Tannenburg.
Kottspiel: am Ortsausgang links, über den Avenbach Richtung Tannenburg, ca. 200 m.

Bühlerzell
Werksteinbruch: Ortseingang links, ausgeschildert. Spielplatz.

Geislingen
Löwenbuck: vor der Bühlerbrücke ca 150 m steil den Berg hinauf. Zwischendurch herrlicher Ausblick über die Kochersteilwand.

Hohenstadt
Ruine Hohenstein: Von Hohenstatt Richtung Neunbronn, am Waldrand Parkplatz. Direkt gegenüber Wanderweg zum Grillplatz (Hangkante folgen).

Oberscheffach
Schmerach: Wanderparkplatz Schmerachmündung, ca. 300 m.

Obersontheim
Herlebach: in der Nähe der Schafscheune, am Ortsausgang Richtung Oberfischach links über die Fischach.

Vellberg
Talheim: Am Sportzentrum.

Feste

Bühlertann
Prunksitzung: An Fastnacht jeweils Freitag, Samstag und Sonntag steht ganz Bühlertann Kopf. Zwei Wochen später säumen tausende Besucher die Straßen beim traditionellen Fastnachtsumzug.

Bühlerzell
Kellerwaldfest: 1. Augustwochenende. Unter dem Blätterdach über 150-jähriger Linden wird Blasmusik gespielt, kühle Getränke kommen direkt aus dem Felsenkeller.

Werksteinbruchfest: Jährlich am Pfingstsamstag und -sonntag lädt der Albverein in den ehemaligen Steinbruch 500 m außerhalb von Bühlerzell ein.

Engelhofen
Frühlingsfest: Seit über 30 Jahren hält der Musikverein Mittelfischach am zweiten Mai-Wochenende das Frühlingsfest in Engelhofen ab.

Geifertshofen
Werksteinbruchfest: Jeden Sommer findet im ehemaligen Steinbruch zwischen Geifertshofen und Unterfischach ein Rockfest des Jugendclubs Hüdra statt.

Ilshofen
Stadtfest: alle geraden Jahre am 3. Juni-Wochenende. Mit großem Krämermarkt.

Mittelfischach
Sommerfest: Der Gesangsverein Mittelfischach ist am zweiten Juni-Wochenende Garant für ein zünftiges Fest mit viel Musik.

Oberfischach
Schützenfest: Der renommierte Schützenverein Oberfischach lädt am dritten Juli-Wochenende nicht nur Sportschützen zu seinem großen Fest an der Schießanlage ein.

Lindenfest: Unter der Linde feiert der Gesangsverein Oberfischach am ersten September-Wochenende sein schönes Fest.

Obersontheim
Hahnenbergfest: An Himmelfahrt lädt der Schwäbische Albverein in die Karl-Eugen-Hütte auf dem Hahnenberg.

Brunnenfest: Am zweiten Juli-Wochenende laden die Landfrauen und das Samariterstift nach Obersontheim ein.

Feuerwehrfest: Am letzten Wochenende im Juli laden die Floriansjünger aus Obersontheim zu ihrem Fest ein.

Metzelsupp: Am ersten Wochenende im November strömt Suppengeruch aus der Schubarthalle.

Jahresfeier: Am ersten Wochenende im Dezember feiert der TSV Obersontheim sein Fest in der Schubarthalle.

Tüngental
Dreschschuppenfest: Am ersten August-Wochenende steigt im ehemaligen Dreschschuppen in Tüngental ein immer größer werdendes Fest. Mit Musik, Fahrgeschäften und guter Verköstigung.

Untersontheim
Fischerfest: Bühlerfische gibt es am letzten Maiwochenende beim Fischereiverein Untersontheim zu probieren.

Motorradtreffen: Für echte Biker ein „Muss": das Treffen des MC Untersontheim mit guter Rock- und Bluesmusik im großen Zelt an der Bühler. Immer Mitte Juli.

Vellberg
Weinbrunnenfest: Am ersten Juli-Wochenende ist die Stadt im Banne des Weins. Großes Spektakel mit Musik, Aufführungen und Tanz.

Lügenbeutelfest: Jeweils am ersten April kann ein jeder vor den Hohen Lügenrat treten.

Märkte

Bühlertann
Kirchweihmarkt: Jedes Jahr am Samstag vor dem dritten Montag im Oktober wird der Erntedank mit einem großen Markt gefeiert.

Obersontheim
Weihnachtsmarkt: Auf dem Schenkenplatz geht es am letzten November-Wochenende weihnachtlich zu.

Vellberg
Trödelmarkt: erster Samstag im September. Die mittelalterliche Stadt bietet den richtigen Rahmen für diesen großen Trödelmarkt.

Christkindlesmarkt: Am zweiten Wochenende im Dezember. Herrlich illuminiert zeigt sich Vellberg von der schönsten Seite.

Ilshofen
Ostermarkt: Das Wochenende vor Ostern findet der Ostermarkt in Ilshofen statt. Bauerntag, Pferde- und Jungviehprämierung sowie Krämermarkt.

Töpfermarkt: Zusammen mit dem Ilshofener Herbst jedes Jahr im September/Oktober. Über 50 Töpfer aus ganz Deutschland bieten ihre Waren an, örtliche Vereine, Gastronomie und Gewerbe sind mit von der Partie.

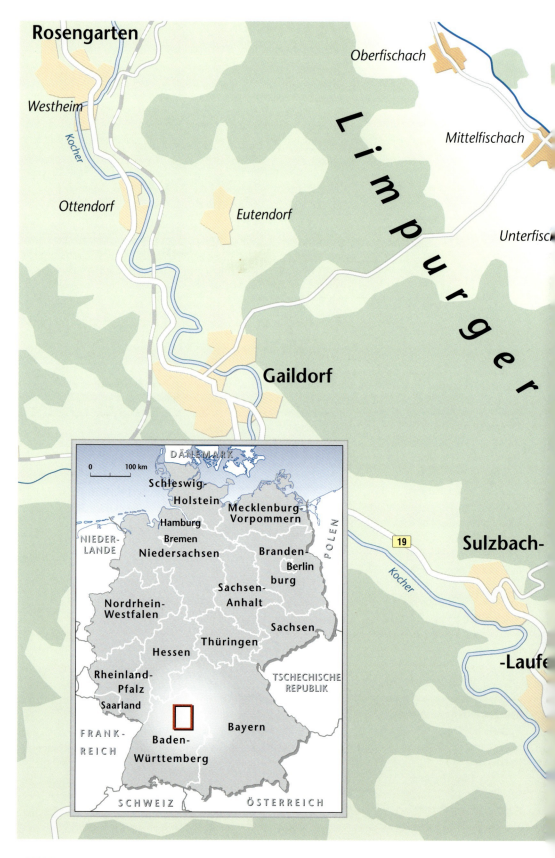

Karte 141

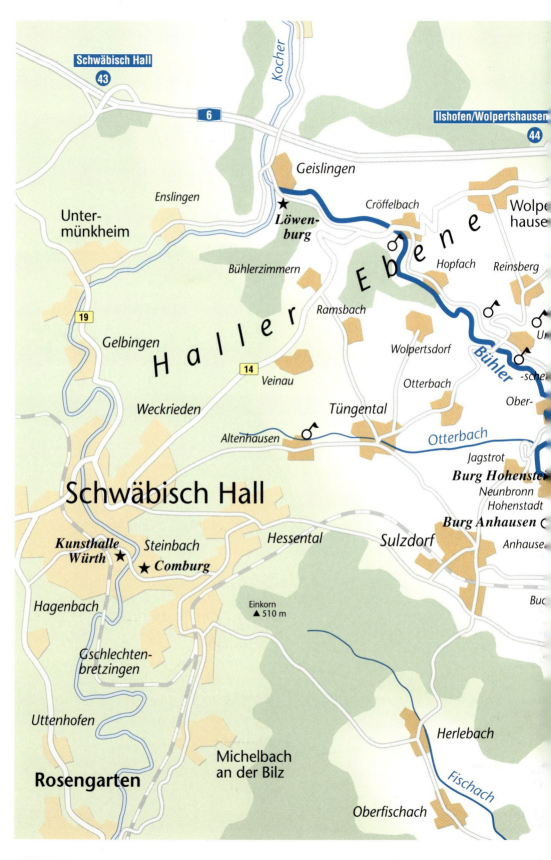

Impressum/Bildnachweis/Dank

Bildnachweis

Hermann Kunz (S. 69 u.),
Dr. Reinhard Jödicke (S. 144)

Alle anderen Bilder stammen vom Autor und können über das Portal www.kunzFOTOGRAFIE.de direkt bezogen werden.

Die farbigen historischen Abbildungen der Wappen und Burgen wurden mit freundlicher Genehmigung des Stadtarchivs Schwäbisch Hall aus dem Buch „Handschrift der Chronik Halls" von Georg Widmann digital reproduziert.

Nicht nachgewiesene Texte und Lyrik stammen vom Autor.

Lektorat:
Dr. Elke Bauernfeind

Karte:
Peh & Schefcik, Eppelheim

Gesamtherstellung:
KONKORDIA GmbH, Bühl
Das Medienunternehmen

© 2003 Swiridoff Verlag, Künzelsau

ISBN 3-89929-007-0

Der Autor

Bernd Kunz, geboren im April 1967 in Ilshofen an der Schmerach, aufgewachsen zwischen Bühler und Kocher bei Schwäbisch Hall. Die Kamera von den Eltern in die Wiege gelegt bekommen, mit 14 erste eigene Spiegelreflex. Freischaffender Fotograf seit 1990. Lebt und arbeitet seit 2000 mit Familie und allerlei Getier in Langenburg über der Jagst.

Aktive Mitarbeit im Naturschutz seit 30 Jahren. Engagiert im NABU sowie in libellenkundlichen Vereinigungen. Herausgabe und Mitarbeit an regionalen, nationalen und internationalen Libellen-Zeitschriften. Seit 2000 wissenschaftliche Publikationen zum Thema Libellen.

Durch das Kartieren von bisher über 1000 Libellen-Biotopen intimste Kenntnis über die Hohenloher Topografie.
Erste Ausstellungsbeteiligung 1983, erste Veröffentlichung von Bildern 1984, von Texten 1986.

Dank

E. Dambach-Reichert, Vellberg
Manfred Fischinger, Schrozberg
Gottlob Haag, Wildentierbach
Reinhard Jödicke, Westerstede
Doris Kunz, Langenburg
Emmi Kunz, Schwäbisch Hall
Hermann Kunz, Tüngental
Klaus-Guido Leipelt, Salzgitter
Andreas Maisch, Schwäbisch Hall
Ulrike Marski, Tullau
Fr. Maurer, Unterscheffach
Martin Munz, Reinsberg
Willy Ockert, Ilshofen
Hr. Otterstetter, Obersontheim
Jutta Pfeil, Obersontheim
Mathias Rommel, Steinbach
Daniel Stihler, Schwäbisch Hall
Karlheinz Talheimer, Bühlertann
Pfarrer Tomann, Geislingen
Hr. Traxler, Abtsgmünd
Hansjörg Weidmann, Mariäkappel
Hans Weiss, Bühlertann
Dieter Wieland, Steinbach
Fr. Wieland, Cröffelbach